韓国語
急《いそ》がば回《まわ》れ

知的”韓流“のネタ本

村松 賢 著
Muramatsu Takashi

白帝社

目次

韓国語　急がば回れ——知的〝韓流〟のネタ本

0 はじめに

「枯葉で目隠しニャーと鳴く（가랑잎으로《カランニプロ》 눈《ヌン》 가리고《ガリゴ》 아옹한다《アオンハンダ》）」

その滑稽な姿を想像しただけで、思わずニヤリとしてしまう。

これは韓国にあることわざで、「わかりやすい嘘で人をだます」の意である。韓国にはこのようにユーモアたっぷりのことわざが数多く存在し、日本とそっくりなものもあるし、中にはまた違った魅力を放っているものもある。

いうまでもなく、ことわざにはその国の文化、風習、国民性、ありとあらゆるエキスが詰まっている。

日本では韓国ブーム以降韓国語学習者も激増したが、なかなかことわざに接する機会というのは少ないだろう。

「私の愛読書は韓国語辞典です」という人ならまだしも、分厚い辞書の一ページ一ページからことわざだけを拾い読みしていくのも大変な作業であるし、そもそも韓国語辞典は大概にして高価である。

本書を作成するにあたっては韓国に関するよもやま話を織り交ぜながら、気楽に楽しめるようにまとめた。ことわざというと固い印象を与えてしまうが、読み物に近いものなっている。

「韓国語辞典」や「ことわざ辞典」を「読む」のが苦手（ぼく自身そうだけれど）でも、文章の硬さに挫折することはないだろう。

韓国語を学習中ならばもちろんのこと、韓国という国を知る第一歩として、本書が韓国、そして韓国人を理解する手助けになれば幸いである。

なお、本書で紹介していることわざは、ごくごく一部である。

さらに深く広く韓国のことわざ世界を知りたくなったら、専門のことわざ辞典、さらにはコリアタウンなどに行けば、韓国語で書かれた格言集なども手に入る。貪欲にそのことわざ世界を堪能していただきたい。

1

「四十にして初めて足袋《たび》を履く」

갓《カッ》마《マ》흔《フ》에《ネ》 첫《チョッ》 버《ポ》선《ソン》

日本では昔から「若いときの苦労は買ってでもしろ」というが、古くは江戸中期の浄瑠璃のセリフにまで登場したそうだ。これと似た言葉は韓国にもあって「少年の頃の苦労は買ってでもしろ（소《ソ》년《ニョン》 고《ゴ》생은《センウン》 사《サ》서《ソ》 하랬다《ハレッタ》）」という。

いずれにせよ、若いときにはこれほどありがた迷惑な言葉はない。苦労は嫌だ。しかも、お金まで取られるなんて。ところが現金なもので、年をとればとるほど自分より年下に向かって、「(今のうちに) 苦労しろ。あとでするよりいいじゃない」といいたくなる。
もっとも、叶えたい夢や願望もはっきりしない若いときに、苦労を受け入れろなんて酷だとも思うのだが。

願望といえば、韓国には夢が実現するという意味で「四十にして初めて足袋を履く」ということわざがある。四十歳というのが妙に説得力のある年齢設定である。

ところで、新聞記事のスクラップを読み返していたら、こんな記事を見つけた。

韓国、慶尚北道《キョンサンブクド》で家屋修理業を営む六十九歳の男性が、五年近く自動車運転免許の学科試験を受け続け、二七二回目の挑戦でやっと合格したというのだ。男性は読み書きが不自由で指導書の理解が難しく、字の勉強から始めなければならなかったのだ。

まだ、実技試験が残っているものの、腕には自信があるらしく、合格したらどんな車に乗るか妻と相談中とある。

免許を取ろうとした目的は不明だが、「妻を隣に乗せたくて」なんて理由なら、ちょっと映画にでもなりそうな良い話である。

誕生日が近かったという男性は「七十にして初めて足袋を履いた」に違いない。

2

「刀で水を切る」

칼《カル》로《ロ》 물《ムル》 베《ベ》기《ギ》

日本語が達者な韓国人が実は怖い。

確かに意思の疎通という面ではこれほどありがたいことはない。

しかし、言葉というものは不思議なもので、相手が自分の言葉が上手ければ上手いほど、自分と同じ感覚を求めてしまうふしがある。

たとえば、それほど親しくない韓国の友人と一緒に洋服を買いに行ったとする。気に入ったものが見つかり、すでに心は決まっている。当然「それいいね」と言われることを期待しながら、「どう、これ？」とやってみる。

相手が日本人ならば、多少自分の趣味と合わなくとも、本人が気に入っているならばと

「いいんじゃない」と返って来る。よほど悪趣味だと思っても「いまいちかな」ぐらいで踏みとどまってくれる。

ところが、韓国人となると「全然ダメ」「似合わない」「趣味が悪い」「私が選んであげる」となることも珍しくない。初対面でもおかまいなしだ。

日本人の感覚からすると、これらの全否定の言葉が結構傷つく。それは韓国語で言われる比ではない。

こちらの表情が曇ろうものなら「どうしたの?」「何その顔?」「何で黙るの?」と矢継ぎ早に質問が飛んでくることも。

なんでもかんでも丸く収めたがる日本人も問題だが、正直すぎる韓国人の言動に思わず悲鳴を上げたくなってしまうことも実は多かったりするのだ。

そんなときは、思い切ってケンカしてしまうのもひとつの手かもしれない。

こんなことわざもある。

「刀で水を切る」

たとえケンカをしてもすぐに元に戻るという意味だ。ウジウジと引きずらない韓国人のカラッとした性格を良く言い表している。

ただ、こちらがいつまでも引きずっていたら戻るものも戻らないかもしれないが。

3

「蜂蜜も薬と言われれば苦い」

꿀《クル》도《ド》 약《ヤ》이《ギ》라《ラ》면《ミョン》 쓰《ス》다《ダ》

ぼくの韓国ドラマデビューは、まさしく、ただの「韓国情報の収集」でしかなかった。

「韓国のことならなんでも知っている韓国通」を目指している手前、避けては通れない道だと思い、当時流行り始めていた「冬のソナタ」に手を出したのだ。

韓国ドラマは「昼メロ」に例えられるだけあって、男視点で観るとかなり辛い演出もあった。おもわず「なんだかなあ」とつぶやき、リモコンを放り出してしまいたくなることも、しばしばであった(「冬のソナタ」の第一話を観たときには、高校生役のチェ・ジウやパク・ソルミの制服姿が銀行の受付係にしか見えず、これを観続けるのかと思うと暗澹たる気持ちになった)。

しかし、今もその目的がただの「情報収集」であれば、一作品二十話を越える「韓国ドラマ」にぼくはとっくに挫折していたにちがいない。

たしかに、目が慣れてきた今でもやりすぎの演出に苦笑いがもれることもある。が、あるときにはツッコミを入れながら、あるときにはベタベタ感を満喫しながら、かなり楽しみ方が身についてきたように思う。

最近では、繰り返されるおきまりのパターンに快感すら覚えることもあるのだ。

なにごとも同じだと思うが、「役に立つから」「勉強のために」「しっておくべき」と思えば、どんなに楽しいことでも、やる気を削がれるのは当然だろう。

韓国ではこのことを「**蜂蜜も薬と言われれば苦い**」と表現する。

甘い蜂蜜も「体に良いから」と言われれば、そのおいしさを感じる余裕もなく苦く感じるもの。

韓国ドラマを嫌々観ている男性たちも「一緒に見れば妻の機嫌が良いから」「会社の女性社員の受けが良いから」「取引先の社長との話題に困らないから」と、言い訳して観ていたら、いつまでたっても本当の面白さに気がつかないかもしれない。

4

「晩学の泥棒は夜が明けるのもわからない」

늦게《ヌッケ》 시작한《シジャクカン》 도둑이《ドドゥギ》 새벽《セビョッ》 다《タ》 가는줄《カヌンジュル》 모른다《モルンダ》

「冬のソナタ」のテレビ放送が終了して久しいが、日本における「韓流」はまだまだ勢いがあるようだ。これは、以前であれば〝「韓流」＝みんなのヨン様〟だったものが、さまざまなスターたちの露出により〝「韓流」＝私の好きな○○〟へと移行され、こちらの選択肢が格段に広がったことがひとつの要因といえるだろう。日本ではまだまだ知名度の低い俳優に目をつける「原石探し」や「先物買い」的な楽しみが残されているうちは、このうねるような流れ、当分続きそうな気もする。

当然、スターたちの来日が続くことは必至だ。そのたびに日本のおばさまたちの熱狂ぶりがメディアを賑わすのだろう。「韓流」そのものが日常になってしまうのが先か。はたまた、メディアが先に「彼女らを追うこと」に飽きてしまうのが先か、といったところか。

以前、雑誌（アエラ二〇〇四年五月十七日）にヨン様ファン（四〇代主婦）が回答したアンケート記事に興味深い結果がでていた。

質問の内容は「ヨン様を知る前に好きだった芸能人を一名あげる」というものだったが、二位の木村拓哉に大差をつけ一位になったのは、「特にいない」という解答だった。

記事は「ヨン様ファンはブームに流されて、そのときどきの旬なイケメンを追っかけるようなミーハーな人ではない」から、このような結果が出たのだと分析し、だから『追っかけなんて初めて』という優等生妻が多いのが裏付けられる」と続けている。

なるほどなあと思いつつ、ぼくはすぐに、これにぴったりの韓国のことわざを思い出した。

「晩学の泥棒は夜が明けるのもわからない」

年をとってから始めたことほど、夢中になりのめり込んでしまうという意味だ。

年を重ねると、新しいことに挑戦するとき、ふと不安や戸惑いを感じたりするものだが、一度始めてしまえば、なぜあのときあんなに臆病になっていたのかと不思議に思うことがほとんどではないだろうか。

ぼくの韓国語も三十歳を間近にして、あわてて挑戦（厳密には再挑戦）したことなので、晩学と言えるが、今はそれこそ韓国人の恋人まで作って熱中（?）している。

5

「竿の先でも三年」

대《テ》끝《クッ》에《テ》서《ソ》도《ド》 삼《サム》 년《ニョ》이《ニ》라《ラ》

　大学を出て就職すれば、同期の中にひとりぐらいは「まずは三年くらいは（我慢しなきゃ）」と呪文のように唱えている人がいる。これが日本だ。

　就職するということが、ほとほと困難で、また職があるということだけで、これだけ「ありがたい」と思えてしまう今の日本の状況では「仕事を転々とする」のは、ものすごく聞こえが悪く、みっともないことだというのが世間一般の評価ではなかろうか。

まさしく「石の上にも三年」ということばが、生々しく響くご時世なのだ。

では、お隣の韓国ではどうか。男ならば軍隊で鍛え上げられ、体も心も一人前になってから就職する場合が多いので、さぞ根性の入った新入社員が多いかと思いきや、そうでもないらしい。

韓国で就職情報を提供しているポータルサイト「キャリア」が「新入社員採用満足度及び離脱率」を調査した結果によると六六・八％の新入社員が入社一年以内に会社を辞め、そのうち七九・三％が三か月待たずに、ドロップアウトしているのだ（数字は朝鮮日報ホームページ　二〇〇五年五月二十三日より引用）。

もちろん、根性が入っているか否か、という単純な問題ではなく、韓国人の性格の一面である「上昇志向の高さ」から、早急なステップアップのための転職、あるいは給料面との折り合いがつかない、など様々な事情があるだろう。

したがって、あまり無責任なことは言えないが、日本における「石の上にも三年」と同じ意味である「**竿の先でも三年**」は、韓国の新入社員の心にはそれほど響いていないのかもしれない。

6

「人の噂も三ヶ月」

남의《ナメ》 말도《マルド》 석달《ソッタル》

韓国のウェブサイトをチェックしていると「ネチズン」という言葉が頻繁にでてくる。「ネチズン」とは"network citizen"（ネットワーク市民）の略語で、ネットワークをひとつの社会ととらえ、主体的に参加しようとする人々の名称である。つまり、インターネットをしている人なら国籍を問わずだれでも「ネチズン」なのだが、韓国では日本以上にこの言葉が定着している。そして、この韓国ネチズンの意見というのは、政治を動かしかねないほど、なかなか強力なのだ。

韓国でデモが多いのは良く知られているが、方々に散らばっている彼らがネットを介しひとつに結束したら、と考えれば理解が早い。

もともと、自分の意見を明確に述べることを良しとする国民性なので、ネットにもそれが反映されているのだ。

加えて、世界トップレベルのブロードバンド普及率を誇り、ネット人口が国民の七割を越える程なので、その広がり方とスピードは尋常ではない。これほどネットの世界が日常に溶け込んでいる国は他にはないだろう。

当然、自分とは関係ない世界で起こった噂も、あっというまに日常会話のまな板の上に、産地直送で届けられる。

二〇〇五年一月に起こった「芸能人Xファイル事件」（韓国の芸能人一二五人の経歴、個人情報などを集めたデータベースがインターネットに流出した事件）は、日本でもかなり大きく取り上げられ、記憶にもあたらしい。

韓国人は「熱しやすく冷めやすい」とはよく例えられるが、ネットを介し瞬間的に共通の話題に登り詰めた例である。

噂に関する韓国のことわざといえば「**人の噂も三ヶ月**」というのがあるが、「冷めやすい」という割には、日本の「（人の噂も）七十五日」より、二週間ほど長いのはどういうことだろうか。

7

「カラスが黒いからといって心まで黒いだろうか」

까《カ》마《マ》귀《ギ》가《ガ》 검《コム》기《ギ》로《ロ》 마《マ》음《ウム》도《ド》 검《ゴム》겠《ゲン》나《ナ》

自分の外見に満足している日本女性は一四％しかいないらしい。

食品・日用品を扱う会社（ユニリーバ）が世界十カ国の女性を対象に行った調査（二〇〇四年春実施　数字は朝日新聞二〇〇五年五月二十日から引用）による結果であるが、十カ国中で最低だったという。

一方美人が多いといわれる韓国。意外にも「私は美しい」と答えた韓国女性は一％しか

いなかったとの報告がある。韓国で美容整形が横行しているというのは、昔から言われているが、裏には外見に対する自信のなさも少なからず潜んでいるようだ。

ぼく自身、整形手術を施した人に生まれて初めて会ったのも韓国だった。その人には会ったその日に告白された。高校生のとき目を少し「いじった」のだと言う。当時、彼女は三十歳を過ぎていたので、すでにかなり昔のことだ。彼女があっけらかんと打ち明けてくれたのは、過ぎた話だからという理由もあったのだろうが、誰でもやっていることとなのだし、そう悪いことでもないという気持ちも多分にあったにちがいない。

それを裏付けるように「日本の男のなかには整形している女の人を嫌がる人もいるよ」というと、どうにも納得がいかないという顔をしていた（「あなたも？」と詰め寄られ、ぼくは「平気だよ」と半分本気、半分ごまかしで答えた）。

整形手術をするというのは、外見に自信がないということはもちろんだが、さらに韓国では「もっとこうなりたい」「もっとこう見せたい」「男性にこう思わせたい」という前向きな気持ちの現れのような気もする。

人間は見かけだけではないという韓国のことわざで「**カラスが黒いからといって心まで黒いだろうか**」とあるが、やはり韓国では「とはいっても、やっぱり見かけが良くなきゃ」という気持ちがまだまだ強いようだ。

8

「はじまりが半分」

시작이《シジャギ》 반이다《パニダ》

友人とある野外コンサートを観たときのことだ。

カバンの持ち込みが禁止で、特設のクロークへ預けなければならなかった。受付に行くとアルバイトとおぼしき係員がゴミ袋のような黒い袋にカバンを入れ、番号が書かれたシールを貼ってくれる。客は同じ番号の書かれたシールを腕に貼ってもらい、それが受け取りの代わりになるシステムのようだった。

しかし、かなり規模の大きいコンサートらしく、いくら番号順に仕分けされていても、受け取りのとき本当にスムーズに引き渡しができるのか不安だった。

一時間ほどコンサートを観て、クロークへ戻ると不安は的中した。

荷物がみつからないのだ。目の前にはゴミ袋の黒い海。一応（?）通し番号順に並べられているようなのだが、ぼくらの番号だけはぐれてしまったようだ。

途中で出てきてしまう観客もまだ少ないためか、係員もどこか緊張感がない。目の前に荷物があるのに自分でガツガツ探すことも出来ず、係員の動きもすこぶる鈍い。ジリジリとした時間が流れた。

結局、荷物は見つかったが、係員は人を待たせたというよりは、ひとつのゲームをクリアしたような爽快な感じであった（見つかったときには、拍手が挙がったぐらいだ）。

念のために言っておくけれど、これは学校の文化祭やチャリティーのようなコンサートではない。韓国のメジャーアーティストが参加し、チケット代が一枚日本円で約四五〇〇円もする一流のコンサートだ。

「はじまりが半分」

ものごとを始めてしまえばもう半分終わったも同じ、という有名なことわざだ。韓国人の積極性をよく言い表しているが、同時に楽観的で「尻切れトンボ」的な性格も具現しているような気がする。

日本人の目から見ると「はじまりが半分」もいいが、「もう半分も気を抜くな」と思うことも結構あるのだ。

こんなに似ている世界のことわざ❶

「酔って吐く言葉がホント」

秘密にしてねと言われていたことをうっかり酒の席で喋《しゃべ》ってしまい、あとで後悔した経験のある人、少なくないだろう。

酔って舌が滑らかになるのは世界共通の現象のようである。

「酒の中に真実がある」（イタリア）

「酒を飲んだ後に本音が出る」（中国）

「生のワインは舌を解き放つ」（スロバキア）

「酔人と小児は真実を話す」（デンマーク）

「生酔本性違わず」（日本）

酒といえば、韓国では焼酎が大変人気がある。男性だけでなく女性がストレートで飲むこともめずらしくない。二〇〇四年の調査によれば、人口一人当たりの年間焼酎消費量が七十三・一本にも達するという結果も示されている。これは十年前の一九九四年と比べ二倍以上とのことだ（数字は朝鮮日報ホームページ二〇〇六年一月八日から引用）。男女を問わず人気のある焼酎はまさに韓国の国民酒と言えるだろう。

韓国にも「酔って吐く言葉の中に真実の言葉がある（취 중《チュイジュン》 에《エ》 진담《チンダム》 있다《イッタ》）」という表現があるが、こと韓国の場合「焼酎を飲んで」の一言を付け加えた方がしっくりくるかもしれない。

9

「アリは小さいながらも塔を築く」

개《ケ》미《ミ》는《ヌン》 작《チャ》아《ガ》도《ド》 탑《タブ》을《ル》 쌓《サン》는《ヌン》다《ダ》

韓国語を話す草彅くんをキチンと意識して観た時の第一印象は鮮烈だった。草彅くんの韓国語の本『チョンマルブック2』が、日韓で同時発売され、彼が自ら韓国に赴きＰＲしているニュース映像だった。

ファンの絶叫にも似た歓声の中、草彅くんが登場する。

韓国のファンのひとりひとりと握手しながら、臆することなく韓国語を話す姿はテレビで観るいつもどおりの自然体だ。そこには外国人がかもしだすバリアのようなものは微塵もない。最後、あいさつする段になり、彼はおもむろに決して立派とは言えない作業をするときにのるような踏み台に上り、一語一句は覚えていないが、韓国語でこのようなことを叫んだ。

「ぼくは日韓交流のため、これからも努力していきます。皆さん応援よろしくお願いいたします」

ときどき、声が裏返りそうになりながら、必死に韓国語で訴えていた。きれいな韓国語ではなかったかもしれないが、彼の韓国語は来日した韓流スターたちが、ただ口移しで喋るかたちだけの日本語よりは彼の熱意と人となりが表れていて、ぼくは好感が持てた。

そして、地道に韓国語を勉強し、声が浮ついてもマイペースに突き進む草彅くんが、不器用だけど格好良く見えた。

「様」付けで呼ばれ「韓流」のド真ん中にいるヨン様もいいけれど、バラエティでちょっと抜けた姿を見せながら、いつまでも「くん」付けで呼ばれる草彅くんを、ぼくはこれからも応援していきたい。

そんな努力家の彼の姿を見るたび、ふと思い出すことわざがある。

「アリは小さいながらも塔を築く」

決して派手さはないけれど、草彅くんは誰にも建てられない塔をコツコツと築いていくことだろう。

10

「二人で食べていて一人が死んでも気がつかない」

둘이《トゥリ》 먹다《モッタ》 하나가《ハナガ》 죽어도《チュゴド》 모른다《モルンダ》

韓国旅行の食事の定番と言えば焼肉だろう。

これはどんなに韓国料理が日本に普及し、宮廷料理や多彩な汁もの料理など、さまざまな種類が知れ渡っても、当分は揺るがないだろう。

香ばしく焼けた肉をサンチュに載せ思い思い玉ねぎを載せたり、キムチを載せたり、ニンニクを載せたり、コチュジャンを塗ったり。口に入れるまでがなんとも楽しい。

カスタマイズしていく楽しみとでも言おうか。

韓国料理で何が一番好きかと問われれば、やっぱり焼き肉と答えたい。が、実を言えばもっと好きなものがある。

それは、焼肉を食べた後に食べる水冷麺《ムルネンミョン》である。

コチュジャンの辛さに目を白黒させ、ニンニクの刺激にむせかえり、ガツガツと肉で腹を満たしたあとの冷麺のさわやかさは格別で、麺を切り分ける鋏のシャキシャキとした音も涼しげである。

シコシコした麺を噛むときには、思わずこれこそが「生きる喜び」かと本気で思う。

まわりに知られるのがなんとなく恥ずかしく、こぼれた笑みをかみ殺す。

「二人で食べていて一人が死んでも気がつかない」ほどおいしいということわざがある。

ぼくにとって、この言葉に当てはまる料理は、水冷麺。それも焼肉を食べた後の水冷麺。

今、これ以上のものはちょっと思いつかない。

11

「おいしい食べ物でもしょっちゅう食べれば嫌になる」

맛있는《マシンヌン》 음식도《ウムシクド》 늘《ヌル》 먹으면《モグミョン》 싫다《シルタ》

飛行機に乗る直前までガイドブックをチェックし、あれも食べこれも食べ、短い韓国滞在中、どっぷり頭の先まで韓国料理に浸りたいと思っている。

ところが、実際にはなかなかそうはいかないものだ。

何を食べても辛い韓国料理は刺激も強く、結構あっけなく飽きてしまうことが多い。三、四日の滞在でも、「一度くらい辛くないものが食べたい」となる。

けれど、せっかく韓国にいるのだし、日本食レストランやロッテリアで済ましてしまうのは、ものすごくもったいない。

韓国に行ったことのある人なら、誰しもそんな経験あるだろう。

まさに、ことわざの「おいしい食べ物でもしょっちゅう食べれば嫌になる」の通りだ。ぼくも胃薬を飲みながら可能な限り挑戦しているけれど、ふと自分で「そこまでするか」と苦笑いが浮かぶこともある。

そんなとき、辛くなく、しかも「韓国庶民の味」を味わえるメニューがある。

韓国風ジャージャーメンだ(発音はチャジャンミョン)。ジャージャーメンといっても日本の中華料理店で出されるものとは、似て非なるものだ。

日本のジャージャーメンのソースは赤茶色で甘辛いが、韓国風のソースは黒くて甘い。もちもちした麺と甘いソースが、日本風に慣れた舌には新鮮だ。日本のラーメンのように完全に国民食となっているので「せっかくの韓国」感も味わえる。「辛さ」休めにホッとできるメニューだ(ぼくは韓国ジャージャーメンを日本の学校給食のメニューに加えれば、ミートソースと互角の勝負をするくらいの人気メニューになるのではないかと思っている。日本の子供にも人気がでそうな味なのだ)。

ところで、大久保や赤坂などに行くと、よく韓国スターの写真など飾り「スター行きつけ」をうたった韓国料理店があるが、ごく短い間しか日本に滞在しない彼らでさえ、やはり故郷の味が恋しくなってしまうのだろう。辛い味付けに慣れていない我々同様、彼らは彼らで「一度くらい薄味でないものが食べたい」と感じるのかもしれない。

12

「犬の糞の多いところから人物が出る」

개똥밭에《ケートンパッテ》 인물《インムル》 난다《ナンダ》

「食べてしまいたいほど可愛い」という言い方があるけれど、韓国の人たちは本当に犬を可愛がる。それこそ本当に食べてしまうくらいに。

冗談はさておき、韓国の人たちは猫派より犬派が多いというのはあちこちで聞くところだが、犬に関することわざを調べてみると、言葉の上での「犬」は「汚」や「貧」の象徴であることがわかる。

「犬が糞を嫌という（개가《ケーガ》 똥을《トンウル》 마다《マダ》 한다《ハンダ》）」（好物

12 「犬の糞の多いところから人物が出る」
개똥밭에 인물 난다

を嫌がる）

「犬が憎くて犬の嫌いなタコを買う（개《ケー》 꼬락서니《コラクソニ》 미워서《ミウォソ》 낙지《ナクチ》 산다《サンダ》）」（嫌いな者に対し嫌がらせする）

「犬のあとについていけば便所へいく（개를《ケールル》 따라가면《タラガミョン》 칙간으로《チッガヌロ》 간다《カンダ》）」（つまらぬ者と付き合えばよからぬところへいく）

「**犬の糞の多いところから人物が出る**（いやしい家からすぐれた人物が出る）」ということわざもそうだが、「犬」が身分が低いことの象徴になっているケースも多い。これは映画などケンカのシーンでよく聞く罵倒語「개새끼《ケーセッキ》（犬の子）」なども、これに通じるところだろう。

かなりの割合で「糞」とセットになってしまうのは、まるで主食が糞のようで、ちょっと犬が可哀想な気もする。

一方、韓国人からみると日本人は「ネコ好き」にみえるらしい。

ぼくもかつて、友人から「日本人はネコが好きって聞いたから」とネコのイラスト入りの便箋で手紙を貰ったことがある。

13

「犬の目には糞だけ見える」

개《ケー》 눈《ヌ》에《ネ》는《ヌン》 똥《トン》만《マン》 보《ボ》인《イン》다《ダ》

語学は奥が深い。

ぼくの韓国語も「完璧」というレベルには、まだ少し遠い。だから、暇を見つけてはＣＤを聴いたり、韓国映画を観たりして、なるべく韓国語に慣れるようにしている。

腕試しになればと韓国語の検定試験なども受けているけれど、試験日が近づくにつれ全身がハングルに敏感になってゆくのを感じる。

そうなると、東京の「大田（区）」という字を見ただけで、

決して口に出さないが「テジョン（グ）」というハングルよみを頭に浮かべてみたり、韓国語でひとりドラマのセリフをつぶやいてみたりする。

また、韓国でも名字として成立する「林《はやし》」や「柳《やなぎ》」、「呉《くれ》」などの名前を見ると、心の中で「イムさん」「ユさん」「オさん」と呼んでみたり、目に入る漢字という漢字をハングルに変換し、ひとり悦に入っていることもしばしば。ほとんど病気といっていいかもしれない。

直接人に迷惑を掛けているわけではないが、勝手に韓国風のあだ名をつけられてしまう「林さん」や「柳さん」は、これを知って気味悪がるかもしれない。

このように、何かに夢中になるとなにもかもがそのように見えるということを韓国では**「犬の目には糞だけ見える」**という。

また、糞とセットで登場した犬に哀愁漂うことわざである。骨や靴でも良さそうなものだが、どうしても犬と糞とを結びつけたいらしい。

14

「死ぬのは悲しくないが老いるのが悲しい」

죽기《チュッギ》는《ヌン》 설지《ソルチ》 않으나《アヌナ》 늙기가《ヌッギガ》 설다《ソルダ》

学校を出て年月が経ってから、あわてて韓国語に飛びついた人というのも多いだろう。自分もその一人だ。「生涯学習」などという格好良いものでは全然なく、寄り道が過ぎたという方がよほどしっくりくる。初対面の韓国人から「韓国語がお上手ですね」と褒められ内心ニヤつきながらも、やればやる程広がっていく未知という砂漠を目の当たりにするとめまいにおそわれる。

加えて歳を追うごとに頭が固くなってゆくのは、自然の

摂理とでも言おうか、どうしようもない。

「好きこそ物の上手なれ」と言うが、激音や濃音、パッチムなどの細かな違いで区別される韓国語には覚えにくい単語が多いのは事実。

覚えても覚えても暗記するそばから忘却していくのは、元々の頭の悪さを差し引いても、一〇代二〇代の頃より、よりひどくなっていると感じる。

はたして死ぬまでに韓国人と同じように韓国語を操ることができるようになるのかと思うと、不安を通り越して途方に暮れてしまう。

「**死ぬのは悲しくないが老いるのが悲しい**」という言葉がある。厳密には、死ぬのも老いるのも悲しいのだが、どうも人間は目先のことの方がより悲しく感じるらしい（最近では「アンチエイジング」なんて言葉も耳にするが、平たく訳せば、まさしく「老いるのが悲しい」という意味である）。

韓国では、会社員が出社前に自主的に塾などに通い、語学や資格取得の勉強をすることも多いという。あれなども漠然と年を重ねていくことへの必死の抵抗（？）といえるかもしれない。

15

「猫のネズミを思いやるごとく」

고양이《コヤンイ》 쥐《チュイ》 생각하듯《センガクカドゥ》

韓国の人たちは猫派より犬派が多いというのが定説だが「子猫をお願い」という映画には、友達の誕生日に子猫をプレゼントするシーンがでてくる。

かわいいものはかわいい。好きな人は好きなのだ。

しかし、人によってはやはり猫に対し「近づきにくさ」を感じることがあるようだ。映画の中でも、子猫を持ち帰った孫にハルモニ（祖母）が「猫は神秘的な動物で、家で飼うのは良くない」と語っている。

ぼくが子供のころ「蛇は神様の使いだから、いたずらしてはいけないよ」とよく言われたが、あの感覚に近いのかもしれない。

猫に関することわざを調べてみても「ずる賢さ」や「したたかさ」など、マイナスの部分にスポットを当てたものが目立つ。

「猫が油壺を狙うよう（고양이《コヤンイ》 기름《ギルム》 종지《ジョンジ》 노리듯《ノリドゥ》）」（何かをひどく欲しがって盛んに機会をうかがうようす）

「猫に惣菜屋の番をしろという（고양이《コヤンイ》 보고《ポゴ》 반찬《パンチャン》 가게《カゲ》 지키라고《チキラゴ》 한다《ハンダ》）」（盗人に倉の番）

「猫の前のネズミ（고양이《コヤンイ》 앞에《アペ》 쥐《チュイ》）」（ヘビに睨まれたカエル）

（小学館『朝鮮語辞典』）

韓国人は、なにより「情」を大切にする人たちなので、猫の「気まぐれさ」に「奔放さ」というよりは、「油断できない相手」という匂いがプンプンする。

「仲間」というよりは、「油断できない相手」という匂いがプンプンする。

このほかにも「**猫のネズミを思いやるごとく**（悪意を隠してあたかも同情しているふりをすること）」ということわざもあるが、これなどは韓国の政治家が日本の首相や政治家に抱いているイメージそのままのような気がしないでもない。

韓国の政治家が「まったく日本の政治家は猫のようだ」と言っているかどうかは定かではない。

16

「他人の肉の一切れが自分の肉の十切れよりも勝る」

남의《ナメ》 고기《コギ》 한《ハン》 점이《チョミ》 내《ネ》 고기《ゴギ》 열점보다《ヨルチョムボダ》 낫다《ナッタ》

韓国男性が日本女性にモテているようだ。

「韓流」の影響で、スターそのままに「礼儀正しい」「男らしい」「女性に優しい」そんな完璧な男性を求める日本女性が増殖しているということだろう。

ソウルで行われた韓国男性と日本女性によるお見合いパーティーを取材したドキュメンタリーをテレビで見たことがあるが、参加した日本女性たちは相手を見る前から「やっぱり韓国男性でなきゃ」と最終結論を出してし

まっているようで、非常にあやうい印象を受けた。

韓国の離婚率は今や世界的にみても上位に入るほどである。近年は多少落ち着いているものの、二〇〇三年には、結婚した一〇〇組中、五十五組が離婚し、一部地域では結婚比離婚率が九五・七％という恐ろしいデータも残されている（数字は朝鮮日報ホームページ二〇〇四年十月十日から引用）。

以前、友達の韓国女性に本当にスターばりに韓国男性たちは礼儀正しくて男らしくて女性に優しい人ばかりかと聞いてみたことがあるが、（彼女の見解では）全体の二・三割ぐらいだろうとの答えだった。

「隣の芝生は青く見える」というが、これを韓国では「**他人の肉の一切れが自分の肉の十切れよりも勝る**」と表現する。他所に目がいってしまうのは日韓共通の現象なのだ。

ところで、韓国女性たちに日本男性の印象を聞くとおおむね、「優しい」「可愛い」「ハンサム」とポジティブな答えが返ってくる。

そういえば、ソウルから遊びに来たぼくの友達（女性）も、新宿を歩きながら「格好良い人ばっかり」と満足そうに言っていたっけ。

なお、ぼくは韓国人から「韓国人みたいな顔」と言われることが多い。

こんなに似ている世界のことわざ②

「あつものにこ懲りてなますを吹く」

元来、中国・戦国時代の『楚辞《そじ》』に見られ、日本でも使われる「あつものにこ懲《こ》りてなますを吹く」。一度ひどい目にあうと、次には慎重になるという意味である。

今の日本では、なます（酢のもの）という表現自体それほどポピュラーでないため、

「なますを吹く」と言われても今ひとつピンとこない。「アツアツのラーメンでやけどして、そうめんを吹く」なんて妥当かもしれない。

類似のことわざは世界各国にあり、それぞれの対比が良く出来ている。

「汁物でやけどした者が水を見ても息を吹きかける（국에《クゲ》 덴 놈《デンノム》 물《ムル》 보고도《ボゴド》 분다《プンダ》）」（韓国）

汁物やチゲなど煮込み料理のバリエーションが豊富な韓国では、この表現はとても説得力がある。

「熱湯でやけどした猫は冷水を怖がる」（フランス）
「一度蛇に咬まれると道端の棒切れを見て逃げ出す」（ベトナム）
「蛇に咬まれた者は縄の端を恐れる」（エジプト）
「一度口を焼いた者はスープを吹く」（ドイツ）
「牛乳でやけどした者は水を吹く」（ロシア）
「熱湯でやけどした犬は冷たい水からも逃げる」（スペイン）

モンゴルでは「乳でやけどした人は、ヨーグルトを吹いて飲む」という。モンゴルとヨーグルトというのが、イメージぴったりでおもしろい。

17

「苦労の末に楽がある」

고생《コセン》 끝에《クッテ》 낙이《ナギ》 온다《オンダ》

結構な衝撃映像だった。
飲食店に巨大なゾウ三頭が侵入し、何かにとりつかれたように食べ物のある店の奥へと体をねじ込んでいく。その桁はずれの力に壁はあっけなく剥がれ、ものというものが壊され、人間はなすすべなく立ち尽くしている。隙を見てゾウの陰から店員らしき女性が命からがら飛び出してくる。まさに危機一髪だ。
二〇〇五年春、ソウルでラオス民族舞踊団のゾウが公演中に逃げ出し、飲食店を襲っている映像は日本のニュースでも流れた。

その後、「対岸の火事」ではないが、すっかり事件のことなど忘れていた。

しかし、この事件には続きがあって、約二カ月後、店はゾウ突入の店「ゾウ食堂」として再オープンしたのだと新聞に載っていた。その記事（朝日新聞　二〇〇五年六月十四日）を見つけ、ぼくは韓国的なハートの強さ、そしてそれと同じくらいの楽天的発想を感じた。

「ウリ、ケンチャナヨ（私たちは大丈夫）ウリ、ケンチャナヨ（私たちは大丈夫）」と明るく振舞う主人の顔が目に浮かぶようだ。

こういう逆境に立たされたとき、苦しみを明るさや楽しみに変える能力というのは、なにかと物事を深刻に捉えてしまう日本人にはとうてい叶わない。

「苦労の末に楽がある」

こんなことわざもあるように、韓国の人たちは皆最後にはハッピーになれると信じている、いや、信じるコツを知っているような気がする。

ぜひ日本人が見習いたい部分である。

18

「愛は下向き」

사랑은《サランウン》 내리《ネリ》사랑《サラン》

ソウルの街でカップルを観察してみると、兄妹のようなカップルが目立つ。

男が女の口元に食べ物を運んだり、小さな荷物でも持ってあげたり、幼子にでも接するように女の頬をつねってみたり。

日本では、女性に主導権を握られヘラヘラしている男性も多いが（胸を張って恐妻家を自負している人も少なくない）韓国では稀なのだろう。

18 「愛は下向き」
사랑은 내리사랑

韓国の男性は軍隊に行くのが当たり前なので、「しっかり」と「男らしく」そして「強く」なければならないという根本的な姿勢はあるだろうが、ぼくはそれ以外にも女性が男性を「オッパ（お兄ちゃん）」と呼ぶことに大きく起因しているのではとにらんでいる。

「オッパ（お兄ちゃん）」と呼ばれた瞬間、「甘え」「弱音」「優柔不断」などの「男らしくない態度」は禁じられ、妹を世話する兄の役割を強制されてしまうのだ。

また、年齢による上下関係が厳しく、韓国では男性が年上のカップルが多いため、より擬似兄妹のような関係が量産されてしまう（最近では年下男性と付き合いたいと願う女性も少なくないようだが）。

これは年齢の差に関係なく男が上になったり、女が上になったりする日本の男女関係とは異なるものだ。

ぼくはそんな妹を慈しむような韓国男性をみて、ひとつのことわざを思い浮かべる。

「愛は下向き」

目下の者が目上の者を愛することは難しいという意味だ。

日本でもヒットした映画「猟奇的な彼女」では、一見年下の彼女が彼氏を振り回しているように見えるが、最後には年上の彼のひたむきで大きな愛に彼女が受け止められ、大団円を迎える。やはりあれも、兄が妹のわがままを受け入れた話といえなくもないか。

19

「いとこが土地を買えば腹が痛い」

사촌이《サチョンニ》 땅을《タンウル》 사면《サミョン》 배가《ペガ》 아프다《アップダ》

韓国ドラマを観ていると、必ずと言っていいほど主人公やヒロインを妬み、手を変え品を変え嫌がらせする仇役が出てくる。やりすぎと感じることもあるが、やはり欠かせないスパイスであり、韓国料理における唐辛子と同じで、ないと何か物足りない。

これは韓国人が日本人に比べると勝ち負けにこだわり、他人が自分より上へ行くのが許せない人たちであるというのが大きく関係しているのだろう。

こんなことわざもあるくらいだ。

「いとこが土地を買えば腹が痛い」

自分以外の誰かが自分より良い思いをするのを見るといい気持ちがしないという意味だ。

こう書いてしまうと、とてもひがみっぽい人たちのようだが、この負けず嫌いの性格があったからこそ、二〇〇二年の日韓ワールドカップでのあの劇的なベスト４入りや、若手が横並びしている映画界での逸材の量産といったポジティブな結果が生まれているのだろう。

近年、日本では就職もせず、かといってやりたいこともなく、非正社員であることを簡単に受け入れ、それに満足してしまう人も多いという。初めから勝負をせず「わが道」を行くことを選んでしまっているようなそんな日本の人々を見ると、あの「負けず嫌い」のエキスを少しは注入してもらったほうがいいような気もする。

最近「負けてたまるか」と言っている日本人、すっかり見なくなったもの。

20

「ソウルに行ってキムさんを探す」

서울《ソウル》 가서《ガソ》 김서방《キムソバン》 찾기《チャッキ》

「天国の階段」というドラマを見ていたらとこんなシーンがあった。

主人公が、死んだと思っていた恋人に似た人を街で見かけ、必死の形相で追いかけるのだが、彼は恋人の名前だけでなく、名字も合わせて「ハン・ギョンソ！」と叫ぶのだ。

これは、主人公の思い入れも多分にあるだろうが、韓国では名字の数が極端に少ないという理由もある

20 「ソウルに行ってキムさんを探す」

서울 가서 김서방 찾기

だろう。
「ハン」という名字はそれほど多くない名字ではあるが、これがたとえば、仮に「キム・シ（さん）」（注　韓国では普通名字に「シ（さん）」はつけない）や「イ・シ（さん）」だとしたら、おそらく近くにいる全ての「キムさん」や「イさん」が一斉に振り返るに違いない。

韓国人の名字はとても少なく、上位二十の姓で全体の九割ほどを占めてしまう（数字は日本実業出版社　真田幸光編著『早わかり韓国』を参考）ので、名字だけで人を区別するのは至難の業なのだ。したがって、このようなことわざも発生した。

「ソウルに行ってキムさんを探す」

「キム」は韓国で一番多い名字で、それこそあちこちにいる。つまり、あいまいな知識で当てずっぽうに探し回る、という意味である。

ぼくの友達の名字もかなりの割合で重複しているので、下の名前で区別しているが、手紙の宛名を書こうとして、ふと名字を忘れてしまい、「パクさん」だったか「チェさん」だったかと頭を捻《ひね》ることがある。

我ながらいい加減だが、ぼくの名字「むらまつ」をきちんと発音できる人もなかなかいないので、お互い様だと思っている。

21

「うわさの立っている宴会に食べるべきものはない」

소문난《ソムンナン》 잔치에《チャンチエ》 먹을《モグル》 것《ゴッ》 없다《オプタ》

自分が韓国の情報ばかりを目で追っているせいか、ときどき回りの人間すべてが韓国に好意的であるかのような錯覚に陥る。

しかし、本当のところはどうか。新聞を読んでいたら「今、一番行きたい国は？」というアンケートの結果（朝日新聞二〇〇五年七月十六日）が載っていたのだが、韓国がベスト5には入るのではというぼくの予想を大きく下回り、十五位というかなり低めの結果だった（ベスト3は①イタリア②英国③ハワイ）。

「教科書」や「独島《トクト》（竹島《たけしま》）」など歴史認識の問題も少なからず影響しているのだろう。

確かに胸に手を当てて思い返してみれば、ぼくが韓国や韓国人に関心を持っていると知って、「日本人と付き合いたいと思っている韓国人なんているの？」と真顔で聞いてくる人もいた。

仮に悪い印象を持っていなくとも、反日デモの様子や大統領の厳しい日本批判演説がテレビに映し出されるたびに「やっぱり韓国って好きになれない」と率直に感じてしまう日本人も多いのだろう。実際、そんな彼らがインターネットで「嫌韓」をつづったサイトも少なくないようだ。

彼らにとってみれば「韓流」とは、なんと不可思議な言葉と感じていることだろう。つまり、日本全体で見れば、そんなに韓国は好かれてないというのが実情のようだ。韓国のことわざで言えば**「うわさの立っている宴会に食べるべきものなし」**。世間の評判と実際とでは一致しないことが多いという意味だ。

歴史の内容から考えれば、確かにエンターテイメント色の強い「韓流」という言葉ひとつで、両国の心が劇的に近づくということなど、虫が良い憶測かもしれない。だが、もし「韓国ブーム」に過剰反応した「反韓国ブーム」があるのなら、どちらのブームも早く過ぎ去って「ただのお隣さん」になるほうがよっぽど良い。

もっとも、それが一番難しいとも言えるのだが。

22

「首が落ちても言うべきことは言わねばならない」

목이《モギ》 떨어져도《トロジョド》 할《ハル》 말은《マルン》 해야《ヘヤ》 한다《ハンダ》

韓国語は日本語にもっとも近い言語といわれている。

単語は言うに及ばず、文法もかなり似ているため、英語習得の苦労は韓国人も日本人も同じだ。

日本でＤＶＤも発売されている「英語完全征服」というコメディ映画があるが、この映画の登場人物たちを見ると、しみじみとそれを実感することだろう。

受験地獄の成果（？）か、ボキャブラリーは豊富なのに会話が出来ない会社員。やたらと英会話学校を転々とする英語漂流女性。そして全体に共通するリスニングの苦手意識。

上達の早道と聞き、ベランダで英語を絶叫するシーンは笑いを誘うが、笑ってばかりも

22 「首が落ちても言うべきことは言わねばならない」
목이 떨어져도 할 말은 해야 한다

いられない。それはそっくりそのまま自分たちの姿でもあるからだ。

このように英語に対する絶対的な憧れ（留学信仰）や、学生時代に刷り込まれるコンプレックスなど、とりまく状況が何から何まで似ているので、韓国人は日本人が持つ英語コンプレックスの世界一の理解者だといえるかもしれない。

ところが、である。こと英語の上達スピードという点で言えば、ぼくは韓国人に、かなり分があるような気がしてならない。

日本人はいざ英語圏に行っても、間違った英語を喋ることへの恐怖心が捨てきれず、また保守的なスタイルを崩すのに手間取り無口になる傾向がある。

しかし、韓国人は潜在的に持っている「言いたいことは言わせてもらおう」精神が開花するや、相手が誰であろうと物怖じせずにとにかく喋りまくるようになる。

「首が落ちても言うべきことは言わねばならない」あるいは「肉は噛んでこそ味が出て、言葉は話してこそ味が出る（고기는《コギヌン》 씹어야《シッポヤ》 맛이요《マシヨ》 말은《マルン》 해야《ヘヤ》 맛이라《マシラ》）」（話すべきことは話してこそ効果がある）

こんなことわざにも表れているように「議論好きで話好き」という韓国人の性格はまさに外国語習得にはもってこいなのだ。クールで寡黙になりがちな日本人と比べて、どちらの上達が早いかは、言うまでもないだろう。

23

「うまくいったら自分のせい、うまくいかなかったら先祖のせい」

잘되면《チャルデミョン》 제《チェ》 탓《タッ》 못《モン》 되면《デミョン》 조상《チョサン》 탓《タッ》

「(チームが) 勝てば、選手の手柄、負ければ監督のせいと言われるんだ」

サッカー日本代表のジーコ前監督が、インタビュアーにそう愚痴っているところをテレビで見たことがある。どの試合のどんな結果で発せられたコメントなのかは忘れてしまったが、思わず出てしまった本音が印象的で、サッカーについて門外漢のぼくでも覚えている。

韓国語の辞書をめくっていたら、これとそっくりなことわざが目に飛び込んできて、急にジーコ監督の言葉を思い出したのだ。

「うまくいったら自分のせい、うまくいかなかったら先祖のせい」

成功すれば自分の手柄、失敗すれば他人のせいだという意味だ。ジーコ監督がそうだったと言っているわけではない。念のため。

なお、サッカーと言えば二〇〇二年ワールドカップで韓国をベスト4に導いた名将ヒディンク監督の人気は監督交代後も衰えていないようだ。

二〇〇五年にソウルにオープンしたワールドカップ記念館には「名誉の殿堂」として胸像が展示され、歴代の功労者と肩を並べている。監督交代後も常に一挙手一投足が注目される人気者で、ためしに朝鮮日報のホームページでサッカー記事を検索してみれば、その見だしには、監督時代同様まだまだ名前を見ることができる。

また、ドイツ大会ではヒディンク率いるオーストラリア対日本というカードが実現し、テレビ中継は韓国でも非常に高い視聴率を記録した。これもヒディンク効果といえるだろう。

24

「丁寧な態度で接して頬を打たれることはない」

존대《チョンデ》하《ハ》고《ゴ》 뺨《ピャム》 맞《マッ》지《チ》 않《アン》는《ヌン》다《ダ》

故鷺沢《さぎさわ》 萠《めくむ》さんの韓国留学体験記『ケナリも花、サクラも花』を読んでいて、激しく共感したくだりがある。日本にいるときは年上だろうと平然と呼び捨てにしていたという鷺沢さんが、韓国にいると、ひとつ年上であっても「さん」付け、ですます調になってしまうというのだ。その理由を鷺沢さんは「これは自分でもどうしてなのかわからない。まわりの人が結構みんなそうだからかもしれない」と書いている。

これにはぼくも同じ経験がある。

韓国人の友達に別の友達を紹介されたときなど、特に言葉選びに慎重になってしまう。日本で友達の友達に敬語で話せば、どこかよそよそしさを感じさせてしまうこともあるだろうが、韓国にいると入門テキストの文例よろしく「アヨ・エヨ（です・ます）」調で喋《しゃべ》ってしまう。

韓国文化を知ろうと、いろいろと本を読みあさっているせいもあるかもしれない。

韓国に関する本を読んでいると、必ず「韓国は儒教の影響が強い」的な一節があり、「だから年上や初対面の人には敬語を使わなければならない」と書いてある場合が多いのだ。そして、同じ歳といえども「パンマル（ためぐち）で話そう」と宣言するまでは敬語を使うべし、と記載されているものもある。

もちろん、それが悪いということではない。こんなことわざもあるいくらいだから。

「丁寧な態度で接して頬を打たれることはない」

礼儀を重んじて恥をかくことはないという意味だ。

ただ、あまりいつまでも敬語で通していてもなかなか仲良くなれないので、早めに「パンマル（ためぐち）」へと切り替えをしたいと思っている。

こんなに似ている世界のことわざ❸

「自己主張ははっきりと」

言いたいことを我慢すること、自分の感情を押し殺すこと、それが美徳とされる国というのは一体世界にどれくらい存在するのだろうか。よく世界で「あいまいだ」「何を考えているのかさっぱり」などと言われる「言わぬが花」的日

本人はやはり、少数派であることには違いあるまい。

道端でもどこでも口げんかが見物できる韓国はいうまでもなく自己主張派である。すでに紹介した「首が落ちても言うべきことは言わねばならない（목이《モギ》 떨어져도《トロジョド》 할《ハル》 말은《マルン》 해야《ヘヤ》 한다《ハンダ》）」ということわざにもそれが現れている。では、他の国々ではどうか。

「大声で叫ぶ十人は黙っている十人よりも多くのものを得る」（チリ）

「口に出さなければ神様も聞きとどけようがない」（イタリア）

「沈黙のうちに乞うものは沈黙のうちに飢える」（インド）

日本でこれらに相当し、広く知られたことわざというのはなかなか見当たらない。

「言わぬが花」「沈黙は金」「出る杭は打たれる」「口は禍の門」

真逆の表現ならいくらでも出てくるのだが、これも国民性だろうか。

「ノー」のひとことを言うのも苦労する日本人なのだから、むしろ一番必要な類のことわざなのにね。

25

「十回叩《たた》いて倒れない木はない」

열번《ヨルボン》 찍어《チゴ》 아니《アニ》 넘어가는《ノモガヌン》 나무《ナム》 없다《オプタ》

韓国男はイタリア男にたとえられる。

陽気で歌好き、おまけにロマンチストで女が大好き。つまり、男としては大変魅力的なのである。

しかし、女好きも度が過ぎると大変な困りものだ。

「十回叩いて倒れない木はない」ということわざがある。これは何事もたゆまず努力し続ければいつかは成し遂げられるという意味だが、同時に何度もアプローチすれば、どんな女性もいずれは落ちるという意味もあるのだ。

女性たちもそんな韓国男性の習性を心得ていて、たとえ好意を持っていても、わざと何

25 「十回たた叩いて倒れない木はない」

열번 찍어 아니 넘어가는 나무 없다

度か断ってみせるというのだから、なかなかしたたかである。

ここからは余談になるが、ぼくは日本男児なので、逆に韓国女性に日本男性がアピールする方法を書いてみたい（あくまで参考に）。

まず、韓国男性の魅力とされていること。「歌がうまい」「ケンカが強い」「男らしい」「金払いが良い」「情熱的」「ロマンチックなデート演出」これらで競っても、まず勝ち目はない。第一、新鮮味もない。

では、何で勝負するか。

全て逆のことをするのである。歌を歌うときは下手でも良いから心を込め、ケンカはなるべくせず、怖い目に遭ったときは素直に「怖かった」と言う。

お金がないときは見栄を張らずおごってもらい、悩みがあれば打ち明け相談し「愛している」を連発する代わりに、ときどき時間のかかる手紙をしたためる（字が下手なほうが好印象?）。キザな言葉は使わず、シンプルな韓国語を懸命に喋《しゃべ》る。

「そんな頼りない日本の男は嫌だ」と言う女性もいるかもしれないが、「負担にならなくて、こういう対等な恋愛もいいわね」と言ってくれる人も少なくないはずだ。

日本男性が韓国女性にモテようとしたら「頼りないけど、可愛いらしい人」というキャラクターに勝るものはないと思う。

26

「安いのがおからの餅」

싼《サン》 것이《ゴシ》 비지떡《ピジットク》

東大門《トンデムン》風物市場を散策したことがある。元サッカー場とガイドブックに記載されているだけあって、その広さは尋常ではない。広大な敷地に、切り株の年輪のごとく、何重にも露天が並んでいる。かろうじて人が通れるほどのスペースだけを残し、あらゆる品物が地面を侵食している。

商品の種類も多彩で、洋服や靴などの衣料品から、おもちゃ、ラジオなどの音響機器、用途のわからぬ電気製品、再生の仕方もわからぬ映像CDや成人向けビデオ、あきらかに壊れているとおぼしきタイプライターに、誰が買っていくのか携帯電話の充電器のみ、なんてものもある。値打ちはわからないが、仁寺洞《インサドン》にでもありそうな陶器や置物の類もある。

まさに雑然、混沌といった表現がぴったりだった。

ぼくは、その商品の種類にではなく、こんなにも品物があふれているというのに、自分がお金を出してでも買いたいものがひとつもないということにただ驚いていた。

日本にいても物欲は少ない方で、しかもそのとき生活は豊かではなかった。それこそ韓国でいう「**安いのがおからの餅**（安物買いの銭失い）」が身に染みた毎日を送っていたのだ。

しかし、そうは言っても、これだけ多種多様の商品があるのだから、買うか買うまいか一瞬でも迷うようなものがあるのではと期待していたのだが、実際には何一つ欲しいものがなかったのだ。

おそらく、店主たちにしてみれば道を塞ぐだけの邪魔なだけの客だったに違いない。

日本にいれば、ぼくのように、知らない場所でめったなものは買わないという人が多いのかもしれない。

これだけあちこちに市場があるのだから、韓国ではあまりこだわらず、直感で物を買う文化が定着しているのだろう。自分が気になる商品を見つけ、店主と値段交渉をし、ひょっとすると損をするかもしれないものを一か八かで買う。

もしかしたら、そっちのほうが楽しい人生のような気がしないでもない。

27

「クモの糸に従うクモ」

줄《チュル》 따《タ》르《ル》는《ヌン》 거《コ》미《ミ》

ソウルの街を歩いていたら奇妙なカップルを見かけた。

手をつないで歩いている。ここまでは普通だが、女性のもう一方の手が別の女友達の手を握っているのだ。

女同士で手をつないだり腕を組んだりしているのは韓国ではよく見かけるし珍しくもないけれど、三人で手をつないで歩いているところをぼくははじめ

て目撃した。

仲が良くて大変よろしいと言いたいところだが、三人目の女性はせっかく友達がデートしているのだから、友達を彼氏に預けてもいいんじゃないかなとぼくは思う。

こんなふうにいつも一緒にいることを韓国のことわざで「**クモの糸に従うクモ**」という。常に「線」で繋《つな》がりたがる韓国人の性質にクモの糸の比喩が絶妙である。

四六時中携帯電話で話している人たちや深夜の屋台で親密そうに食事をしている人たちもそうだが、日本人のぼくからみるとその仲の良さは少々異常に感じることも少なくない。彼らの背中には本当に見えない糸が出ていて、家族や恋人、友人たちとつながっているのではと思わせるほどである。

韓国のドラマや映画を観ていると、恋人にフラれた直後、屋台などでひとり酒をあおるシーンがあるけれど「寂しさ」という点では、日本以上に効果テキメンな演出であろう。

少し前日本ではひとりの時間を楽しむ大人の女性を「おひとりさま」と呼んで話題になったが、この言葉だけは韓国に輸入されることはないだろう。

28

「ははと笑っているが借金が十五両」

허허《ホホ》 해도《ヘド》 빚이《ピジ》 열닷냥《ヨルタンニャン》

大学生というのは、時間はたっぷりあるがお金がないというのが相場である。

社会に出てみると、時間に追われるわが身に照らし合わせて、自由で羨ましいとひがみたらしく思ってしまうこともある。

人生の猶予期間とも言える学生生活は、韓国の場合休学し兵役に行くかどうかという問題はあるにせよ、日韓の大学生でもさほど変わらないだろ

う。

だから、オンライン就職専門業者「ジョブコリア」の調査結果、韓国の大学生の四割が借金を抱えているという見だしを見た瞬間「遊びで作った借金なんじゃないの？」と意地悪にも思った。

ところが、記事のデータを細かく追ってみると、どうもぼくの早合点のようだった。借金の理由として一番多かったものは、学費調達で八八％。順に小遣い（五・六％）海外研修や旅行資金（一・九％）と続いている。

借り入れ先では金融機関と学校を合わせると八〇％を超える。親戚や友人はわずかに一〇％ほど（数字は朝鮮日報ホームページ二〇〇五年七月二十五日から引用）。

これは大学生の四割のほぼ丸々、程度の差はあれ苦学生に近い生活をしているということではないか。

このデータを見てしまうと、日本の大学生は恵まれていると感じてしまう。

「はははと笑っているが借金が十五両（楽天的に見えても人知れず苦労しているものだ）」まさに、このことわざ通り、一見自由気ままに見える韓国大学生も、実は影で結構苦労していたりするのである。

29

「三度の食事を欠いた姑の面のよう」

세《セー》끼《キ》 굶은《クルムン》 시어머니《シオモニ》 쌍판《サンパン》 같다《ガッタ》

「冬のソナタ」のチェ・ジウが主演した「オルガミ（罠）」というホラー映画があって、これがなかなか恐ろしい。ストーリーは、チェ・ジウが母親に対し恋人のように接するマザコン男と結婚するところから始まる。夫の実家での新婚生活が始まるのだが、息子を取られた姑は面白くない。息子の前では嫁と仲の良いふりをする姑だが、息子がいないところでは、陰湿な態度で嫁を苦しめ、ついには死へと追いやっていくのだ。

日本では、清楚で溌剌としたイメージが強いチェ・ジウの血みどろボロボロの演技が拝《おが》

29 「三度の食事を欠いた姑の面のよう」
세 끼 굶은 시어머니 쌍판 같다

める珍しい作品であるから、ついついそこばかり目が行きがちだ。しかし、ちょっと艶《なまめ》かしい姑の不気味な存在感がこの映画全体の強烈なアクセントになっているのは間違いない。

もちろんこれはフィクションだが、現実のどの家庭においても大同小異、嫁姑の確執はあるだろうし、家単位の繋《つな》がりが強い韓国で、他人が介入してくる嫁姑問題が深刻だというのは当前だろう。ことわざにもそれがよく表れている。

「姑が死ねば主婦部屋は自分の領分（시어미《シオミ》가《ガ》 죽으면《チュグミョン》 안방이《アンバンイ》 내《ネ》 차지《チャジ》）」

「姑が憎らしくて犬のわき腹を蹴る（시어미《シオミ》 미워서《ミウォソ》 개《ケー》 옆구리《ヨプグリ》 찬다《チャンダ》）」

その他にも、ひどくしかめ面をしている顔のたとえで「**三度の食事を欠いた姑の面のようだ**」なんてのもある。

韓国の離婚率が高いというのは、当人同士の問題はもちろん、嫁姑問題によるところも大きいのかもしれない。

ぼくは男なので「お婿さん」についてのことわざが気になり調べてみたら、こんなのがあった。

「娘のいない娘婿（딸《タル》 없는《オンヌン》 사위《サウィ》）」

縁が切れて関係ないという意味だというが、ずいぶんあんまりな言い方である。

男も女も他人として「韓国の家」に入るのは、よほどの覚悟と忍耐が必要ということか。

30

「耳にかければ耳輪、鼻にかければ鼻輪」

귀《クィ》에《エ》 걸《コル》 면《ミョン》 귀《クィ》엣《エン》고《ゴ》리《リ》、 코《コ》에《エ》 걸《コル》 면《ミョン》 코《コ》엣《エン》고《ゴ》리《リ》

故鷺沢《さぎさわ》萠《めぐむ》さんの『私の話』という本を読んでいたら簡単なパジョン（チヂミ）の作り方が載っていたので作ってみた。

材料は小麦粉、卵、だしの素、ねぎ、かつおぶし、あとはサラダ油としょうゆだ。

まずは、小麦粉と卵とだしの素を水で溶く。それに切ったねぎを混ぜさらにかき混ぜる。詳細な分量は書いていないので適当である。

フライパンをチンチンになるまで熱して、サラダ油を引き、具を流し入れる。

焼き時間も火加減も全部適当。ときどきはしで裏を確認し、狐色になっていたらひっくり返す。粉を使った料理などしたことがないので、おっかなびっくりだ。

中身まで火が通ったら、しょうゆをぬりつけ、冷蔵庫の奥でひしゃげていたパックのかつおぶしをふりかける。

最初にしてはまあまあの味だったけれど「自分で作った」といううま味成分がかなり効いていると思われ、他人が食べれば「なんとか食べれる」というレベルのものかもしれない。作ってみて思ったことは、これが一体お好み焼きとどう違うのかということ。料理研究家あたりなら、その歴史から材料から詳細な相違を列挙できるのかもしれないが、いまいちピンとこない。

ぼくが作ったのは究極にシンプルなパジョンだけれど、作ろうとすればいろいろな具が入れられるし、またその中身も家庭ごと地域ごとに変わるだろう。お好み焼きも同じだ。それに、お好み焼きもパジョンも元の下地は小麦粉でそれはかわらないではないか。

日本と韓国で食文化が似ているということは言うまでもないけれど、実は呼び方だけが違っていて、本当は同じものも多いのではないだろうか。

韓国には見方によってどうにでも取れるという意味で「**耳にかければ耳輪、鼻にかければ鼻輪**」ということわざがある。

もしかしたら、ぼくが自分で作ったパジョンを「ねぎで作ったお好み焼き」と名づければ、それは「お好み焼き」になってしまう程度の差なのかもしれない。

31

「ウサギが自分のオナラに驚く」

토《ト》끼《ッキ》가《ガ》 제《チェ》 방《パン》귀《グィ》에《エ》 놀《ノル》란《ラン》다《ダ》

最初に韓国を訪れたのは二〇〇一年の夏である。

サラリーマンをしている頃に急遽《きゅうきょ》四日間の休みがもらえることになり、あわててチケットを取った。

短い休みに遠出は出来ず、韓国に友人がいたので短期の旅行先としては丁度良いと思ったのだ。

思いつきで決めたので、まともな準備をする時間などなかった。大学時代、第二外国語で韓国語を履修していたものの、当時は自己紹介をするのが精一杯というレベルで、韓国という国に対する知識らしい知識もなく、あるのはすべて断片的で不確かな情報ばかりだった。

「日本語が通じる、らしい」「韓国人は日本人のやったことを怒っている、らしい」「日本人が謝罪を求められることもある、らしい」

友人が空港まで出迎えてくれたり、あちこち案内してくれたりといろいろ世話を焼いてくれたおかげで不自由らしい不自由はなく、日本人だからといって嫌な思いをすることなど一度もなかった。

しかし、ふとひとりになると、体の底から不安がムクムクと立ち上ってきた。

特に夜、ひとり繁華街をあるきながら、ちょっとした暗闇を見つけると、そこから屈強な男たちがワラワラと現れ「この日本人め」と襲い掛かってくる姿を想像して、ひとり震え上がるのだった。

ことわざにある「**ウサギが自分のオナラに驚く**（気の小さい人は些細なことでもびくびくする）」ではないが、道で肩がぶつかっても、ぼくが日本人だからわざとやったのではと思うほど、そのときのぼくは本気で身の危険を感じていたのである（後になって知ったことだが、韓国で通行人が肩をぶつけながら歩くのは普通の光景である）。

ワールドカップの共同開催や韓国ブームを経て、様々な情報を手にした今思えば、無知とは恐ろしいと改めて感じずにはいられない。

32

「早く暖まる部屋は早く冷える」

속《ソッ》히《キ》 데운《デウン》 방이《パンイ》 쉬《スィ》 식는다《シンヌンダ》

「冬のソナタ」の人気がじわじわと現れ、韓国に関心のなかった人まで「ヨン様」と口にし始めた頃、急速に韓国の情報が流れ始めた。

日本にいながら韓国情報を集めるのに苦労していたぼくには大変ありがたかった。

しかし、「冬ソナ」の地上波放送が始まり、メディアによって本格的に「韓流《ハンりゅう》」という言葉が多用されるようになると、ぼくの心の底には素直に喜べない、嫉妬《しっと》めいた感情が生じ始めていた。

それは、自分だけが知っている秘密の穴場が、あっという間にみんなの人気スポットになっていくような気持ちと説明できるだろうか。

当然、人の関心が集中すれば批判も出てくる。

「なんであんなドラマが人気なのかわからない」「演技が下手」「ストーリーが単純」「子供だまし」「日本の模倣ばかり」

自分が韓国ドラマの熱狂的なファンのつもりもなく、韓国のものを全肯定するつもりもさらさらない。的を射た批判には、大きくうなずくこともある。が、心ない辛辣な言葉には、体の芯《しん》が根元から萎《な》えるような疲弊を感じた。

もはや「韓国」という国が、ぼくの人生においてかなり大きな部分を占めてしまっているからそう感じたのかもしれない。

だからぼくは、このまま韓国のエンターテイメントが深く日本の日常に溶け込むことを望む一方、矛盾するようだが、ただ「ブーム」として過ぎ去ってくれることを望む気持ちもあるのだ。

「早く暖まる部屋は早く冷える」

熱中しやすいものは冷めるのも早いということわざである。

この言葉通り、全てがクールダウンし「無関心」に戻って欲しいとは言わない。ただ、潜在的な差別意識から来る偏った批判には、どうしても居心地の悪さを感じずにはいられないのだ。

こんなに似ている世界のことわざ❹
「世界の親バカたち」

自分の子供は可愛い。これは子供を持った者なら誰でも身に覚えがあることだろう。日本語でも「目に入れても痛くない」などといって、その愛情の深さを表現したりする。

あまり度が過ぎると「親バカ」と揶揄《やゆ》される場

合もあるが、それほど悪い意味合いはない。むしろ、ほほえましい響きである。
世界にも「親バカ」を言い表したことわざが多数存在する。

「隣の子供は、いつでも世界で一番悪い子」（ドイツ）

「カラスは自分の雛をナイチンゲールだと思う」（トルコ）

「どのカラスも自分の子がいちばん白いと思う」（イギリス）

「フクロウの子も母親の目には美しい」（スロバキア）

「親の欲目」（日本）

比較的、醜いとされる動物が多く登場するところがポイントで、そんな動物でさえ自分の子は可愛いとは、なるほど説得力がある。

韓国にも同じニュアンスのことわざがあって「ハリネズミも自分の子が毛がやわらかくてつやつやしていると言われれば喜ぶ（고슴도치도《コスムドチド》 제《チエ》 새끼가《セッキガ》 함함하다면《ハムハマダミョン》 좋아한다《チョアハンダ》）」という。

出来の悪い子供でも褒めてもらえばうれしいという意味であるが、子供の毛だけやわらかいなんて、親バカ度がよく現れていてユニークだ。

33

「犬の飯にどんぐり」

개《ケー》밥《バ》에《ベ》 도《ト》토《ト》리《リ》

新聞に韓国人留学生のこんな投書が載っていた。

日本に来て四か月ほどの彼女は、どうしてもできないことがあるそうだ。

それはひとりで食事をしたりお酒を飲んだりすることで、韓国では全然見られない光景だという。

「韓国人は、他人の目を非常に気にするのに対し、日本人は他人のことはあまり気にしないし、立ち入りたがらない気がする。（中略）しかし、『情』の文化で育ってきた韓国人の私には、独りで食事するのは何となく冷たく、慣れにくく感じられてしまうのだ」

（朝日新聞二〇〇四年十二月十六日）

彼女の感想はもっともで、実際、韓国に行ってみると飲食店でひとり食事している人というのはあまり見かけない。

逆に言えば、韓国でひとり外食をしようとすると勇気が必要なときがある。席という席が二人連れ三人連れで埋まっている中、ひとりポツンと座るのは、日本人でもなかなか心細いものなのだ。場合によっては、寂しい人なのかなとジロジロ見られることだってある。

ロッテリアやスターバックス、ショッピングモールのフードコートなどであれば、目立つことはないだろう。しかし、食事の回数が限られてしまう短い滞在であれば、もったいない選択といえる。

ぼくも最初こそ「寂しい人」に思われるのが嫌で敬遠していたのだが、一度「人は人、自分は自分」と言い聞かせると、ひとりでもつかつかと入れるようになった（さすがにひとりで焼肉や鍋は食べないが）。

このように仲間から外れ、ひとりポツンといる人のことを韓国のことわざでこう表現する。

「犬の飯にどんぐり」

犬はどんぐりを食べないことからこう言うのだそうだ。

34

「坊ちゃんにはロバが似合う」

도련님은《トリョンニムン》 당나귀가《タンナグィガ》 제격이다《チェギョギダ》

旧正月にソウルの蚕室《チャムシル》にあるロッテワールドを訪れたことがある。

案の定というか、当然というか、家族連れがどっと押し寄せていて、室内施設は子供天国となっていた。施設の中央に位置するアイスリンクにも子供たちが渦を巻き、各々スケートを楽しんでいる。

リンクの端で視界に現れては消え、現れては消えてゆく子供の姿を視界に流しこんでいると、ぼくは思いがけず自分が小学生だったころの服装を思い出していた。

二十年くらい前の話だが、当時の子供の服装はノーブランドあたりまえ。見たこともないロゴのトレーナー、太ももまで見える半ズボン、大人では決して着ることができないような配色やデザイン、いろんな意味で「子供らしい」格好であった。

今の日本の子供の服装といえば、有名カジュアルブランドの「キッズ」あり、スポーツタイプの服装でも有名メーカーの商品が幅を利かせ、値段も大人用の向こうを張る専門デザイナーズブランドまである。サイズさえ代えれば大人でも不自然でないようなものも多い。

アイスリンクを流れてくる韓国の子供たちの服装は、ぼくが二十年前に見た同級生たちに近い気がした。

変にブランドに着られず、背負わず、良い意味でスキだらけの微笑ましい格好であった。**「坊ちゃんにはロバが似合う」**ということわざがある。これは体の小さなものは、大きな馬よりも子馬のようなロバに乗った方が見栄えがする、つまり、身分相応が良いという意味だ。

ぼくの目には、ロバならぬその素朴な格好が本当に韓国の「坊ちゃん」たちに似合っているように見えた。

歳を追うごとにみんなブランド大好きのおしゃれさんになっていくのだろうけど、今はまだそのままでいて欲しいな。

35

「くれるために来ても憎いやつがいて、もらいにきても憎めないやつがいる」

주러《チュロ》 와도《ワド》 미운《ミウン》 놈《ノム》 있고《イッコ》 받으러《パドゥロ》 와도《ワド》 고운《コウン》 사람《サラミ》 있다《イッタ》

韓国が好きかと言われれば、ぼくはこう答える。

「なんとなく好き」

ぼくが韓国に興味を持ったきっかけは、学生時代テネシーで一か月過ごしたとき、ひとりの韓国人女性と出会ったからである。

慣れない外国で心も頭も頑なになっていたぼくに彼女はやさしく手を差し伸べてくれた。ぼくの砂利道をジープで走るようなひどい英語を辛抱して聞いてくれ、ぼくが理解するまで何度も同じ言葉をくりかえしてくれた。

先に帰国するぼくに、彼女は短い手紙をくれた。ぼくの存在が彼女の日本人観に良い影響を与えたこと、短い期間ではあったが良い友情が作れたことなどが書かれていた。帰国後も手紙の交流が続き、やがて手紙はメールにとって代わった。

話を大幅に省略させてもらうが、ぼくは恋人のいる彼女を一方的に好きになって、当然のようにフラれた。

ぼくは「もう韓国のことなんて考えたくもない」となるかとも思ったが、意外にも持ちこたえた。彼女との縁は切れてしまったが「韓国」との縁はぼくを離さなかった。皮肉にも、彼女との話題作りのために予習した「韓国」に足がはまって、身動きがとれなくなっていたのだ。結果的にぼくは「韓国」を嫌いになりそびれた。

人を好きになるというのは理屈ではないという意味で「**くれるために来ても憎いやつがいて、もらいにきても憎めないやつがいる**」ということわざがあるが、国に対しても同じだと思う。

ヨン様の国だから好き。反日デモがあるから嫌い。人に人情味があるから好き。日本に比べて街がゴミゴミしてるから嫌い。食べ物がおいしいから好き。時間にルーズだから嫌い。

もっともらしい理屈はいくらでも立てられるだろうが、いろいろあるけど「なんとなく好き」「なんとなく嫌い」結果的にどちらかに傾くのではないだろうか。

36

「耳を覆って鈴盗む」

귀《クィ》 막고《マッコ》 방울《パンウル》 도독질한다《トドゥッチランダ》

日本では国民との政策対話の場でやらせが見つかり、役人の人を食ったような態度が大きな問題となった。

このように、浅はかな方法で人を騙したつもりになっていることを「耳を覆って鈴盗む」というが、まさにこれにぴったりの事件が韓国でも起きたことがある。こちらも、犯人は役人である。

新聞記事（朝日新聞二〇〇五年八月二日　発信元［東亜日報など］）の発表によれば、ソウルの主要道路に設置さ

れている監視カメラのうち四割が模型、つまり何も写らないニセ物ダミーだったというのだ。

警視庁はこの「模型カメラ」二四六六台のうち一一〇九台を二〇〇五年九月までに撤去したということだが、お粗末な印象はぬぐいきれない。

予算が足りず、やむなく模型を使用したり、六年の寿命が尽きたカメラを放置したりしていたそうだが、その後、警察の威厳が保っていけるのか心配してしまう（おもわず「助かった」と胸をなで下ろしたドライバーも少なくなかったかもしれないが）。

しかし不謹慎かもしれないが、あまりに庶民的すぎて、ぼくはちょっと可愛いなと思ってしまった。もちろん、職員が多額の公費を着服したり、市民からの助けに応じなかったりしたのであれば、そんな悠長なことを言っている場合ではない。だが、お金に困ってダミーカメラを設置してしまう警察とは上手く友達になれそうな気がする。

以前、話題になったギョーザに生ゴミが入っていたというニュースにも驚かされたけれど、韓国ではときどきこういう全身が脱力してしまうようなニュースが流れるので目が離せないのである。

37

「金が力持ちだ」

돈이《トニ》 장사라《チャンサラ》

お金さえあれば。

どんな聖人でも、誰しも一度は感じることであろう。

韓国でとは言わず、世界共通で。

「金が力持ちだ」

お金があればなんでも自由自在だというこんなことわざにも、そんな正直な気持ちが現れている。

さて、インターネットを見ていたら、こんなデータを見つけた。

韓国の大学生のうち、十人中五人が創業を考えているのだそうだ。

理由の内訳は「高所得」（三一・三％）がトップ。ほぼ同率で「就職が難しい」（二九・八％）そのあとは「専門性を生かすため」（二三％）と続いている（数字は朝鮮日報ホームページ二〇〇五年七月二十日から引用）。

やっぱり、お金が一番の魅力らしい。

妥協して安月給で働くくらいなら、いっそのこと会社を作ってしまえという考えが強いのだろう。

日本の学生のように就職に失敗し結果的にズルズルとフリーターやニートになってしまうよりは、前向きだとは思う。

だが、成功してお金持ちになる前に、一度くらい極貧生活というものを経験してみるのもいいかもしれない、とも考える。

「飢えてみて初めて世の中が分かる（굶어《クルモ》 바아야《パアヤ》 세상을《セサンウル》 안다《アンダ》）」

こんなことわざもあるくらいだから。

38

「キジを焼いて食べた跡」

꿩《クォン》 구워《クウォ》 먹은《モグン》 자리《チャリ》

仁川《インチョン》国際空港で成田行きの飛行機を待っていた時のことである。

搭乗時間が迫り、ゲート前のベンチには日本人観光客が集まりだしていた。ぼくの前にも中年男性のグループが陣取っていて、その中のひとりは韓国人ならば誰でも知っている有名な焼酎のビンを裸で持っていた。

男性はミネラルウォーターのボトルに焼酎を注ぎいれる。当たり前みたいにボトルに口をつけ、購入したコピーのブランド時計

の話を仲間と話していた（コピーブランドの日本国内への持込みは禁止になっている）。

普段は他人の行動に不用意な関心をもたない主義だが、その時は思った。

ターミナルにはバーもあり、機内に入ればアルコールのサービスだってある。なぜバーに行くなり機内食の時間まで待つなりできないのか、と。

成田空港で外国人が搭乗を待ちながらベンチで日本酒や酎ハイを飲んでいたらどう思うだろうか（ぼくは、そんな外国人はイヤだな）。

ものごとの後始末がきれいで何の形跡もないという意味で**「キジを焼いて食べた跡」**ということわざがあるが、旅の後始末もきれいにこしたことはない。

近年、日本人の韓国への旅行者は、若者や中年女性が中年男性を圧倒しているという。数字的にも少ない中年男性観光客の行動は、サンプルが少ない分、印象にも残りやすいだろう。

韓国に行ったら聖人としてふるまうべし、とまでは言わないけれど、後々「こんなだらしない日本のアジョシ（オヤジ）を見た」と吹聴されてしまうのは、できれば避けたいところである。

39

「雁は百年の寿命を持つ」

기러기는《キロギヌン》 백《ペン》 년의《ニョネ》 수를《スルル》 갖는다《カンヌンダ》

韓国の友人と真冬の明洞《ミョンドン》で食事することになった。

リクエストを聞かれ「チゲなんていいんじゃない？」と答えたが、ぼくの頭にあったのは「海鮮チゲ」や「キムチチゲ」であって、あくまで「それ」とは別のものだった。

だから「プデチゲは？」という彼女の提案にぼくは「食べたい」ではなく「大丈夫」という返事で答えた。

氷点下の明洞《ミョンドン》をあてもなく散策するのは厳しく、一刻も早く壁の内側に入りたかったというのもある。

プデ（部隊）チゲのことはガイドブックの情報などで知っていた。

朝鮮戦争後、米軍からの流出品であるハムやソーセージで作ったのがきっかけと言われ、その一番の特徴は、インスタントラーメンが入ることだ。

原色が目を刺す韓国式の座布団に腰を落ち着けると、隣のテーブルから辛みの溶けた匂いが流れてきて食欲を刺激した。オーダーするとすぐにアジュンマ（おばさん）が、白濁のスープを持ってテーブルにやってきた。

底の浅い、まるで盃のような鉄の鍋にスープを注ぎ、インスタントラーメンを割り入れる。話に興じているうち、鍋はいつの間にか食べごろになっていた。

インスタントのスープの味気なさをイメージしていたのだが、思いのほかコクがあり（一応料理なのだから当然だ）それがまたチリチリのインスタントの麺によく合った。「辛い、辛い」と言いながらぼくは夢中で鍋の底をスプーンで引っかいていた。

「これが辛いって？」彼女は汗をにじませるぼくの顔を不思議そうに、でも愉快そうに眺めていた。

「雁は百年の寿命を持つ」

つまらないものでも軽んじてはいけないという意味である。

日本でもありそうなハム、ソーセージ、トック（餅）にインスタントラーメン。あとは一杯のねぎ。取るに足らない寄せ集めが一番のごちそうになることもあるのである。

40

「口に苦い薬が病気には良い」

입에《イベ》 쓴《スン》 약이《ニャギ》 병에는《ピョンエヌン》 좋다《チョッタ》

少し昔の話になるが、在韓三十年の日本の商社マンが書いた『韓国が死んでも日本に追いつけない18の理由』という本があって、韓国で三十万部のベストセラーになった。

サッカーの日韓戦での韓国チームの明らかにいつもとは違う気迫や、とりわけビジネスの面において日本をライバル視する韓国人の基本姿勢から考えると、日本人ビジネスマンが書き、ましてそんな過激なタイトルの本が、本当にベストセラーになったとは半信半疑だった。

実際に読む前には、バッシングまがいの本ではないかとも思ったのだが、読了後にはその考えは一変した。

確かに韓国が抱えるビジネスや政治の悪習など、問題点を辛辣につついている記述は多い。が、著者が韓国という国に対して抱いている愛情や信頼、受けた恩がここかしこに滲《にじ》んでいるのだ。

「死んでも日本に追いつけない」というタイトルも、読み進むにつれ、日本の背中を追いかけているようではダメ。韓国には力があるのだからもっと広い視野で世界と勝負せよ、ということに真意があるのだとわかる。

「口に苦い薬が病気には良い」

日本で言う「良薬口に苦し」である。

著者は出版後、出国検査の際、若い検察官から「あなたの本を読んで大変勇気づけられました」と握手を求められたそうだ。

苦い薬も「愛情」というオブラートに包まれていたからこそ、韓国人の心に届いたのであろう。

こんなに似ている世界のことわざ❺

「覆水盆に返らず」

"It's no use crying over spilt milk"（こぼれたミルクを嘆いても仕方がない）

英語が苦手でもこの一文だけは暗唱できるという人は多いだろう。

受験勉強中よく目にしたような。そう、"It's no

use ~ing"(～しても無駄である)。このイディオムを覚えるための定番の例文である(勉強嫌いだったぼくは辞書で確認するまで思い出せなかった)。

日本語で言う「覆水盆に返らず」、一度起きてしまったことは取り返しがつかないという意味だ。元々は中国の故事「拾遺《しゅうい》記《き》」に由来する言葉である。

世界の似たことわざで言えば、

「壊れた茶碗は元通りにならない」(タジキスタン)

「荷車から落ちたものは失ったもの」(ロシア)

「できてしまったことには花を持たせろ」(ドイツ)

「できてしまったことに薬はない」(フランス)

このほかにも、韓国語で猟奇的(?)な表現をひとつ見つけたので紹介しておく。

「煮えた鶏が鳴こうか(삶은《サルムン》 닭이《タルギ》 울까《ウルッカ》)」

煮えた鶏が鳴こうものなら、これはホラーである。

41

「服は新しいのが良く人は昔なじみがいい」

옷은《オスン》 새옷이《セオシ》 좋고《チョッコ》 사람은《サラムン》 옛사람이《イエッサラミ》 좋다《チョッタ》

ソウルで友達と会っていても相手の携帯に頻繁に電話がかかってきて、しばし沈黙を強いられることがある。今会っている相手が友達であろうが恋人であろうが、そして、それが地下鉄の車中であろうがどこであろうが、大きな問題ではないらしい。

あまり重要でもなさそうな話を長々されると、携帯なし、おまけに外国人のぼくはちょっとした疎外感を覚える。

韓国の携帯の進化はめざましく、日本同様メール機能やデ

ジカメ機能は当たり前。３Ｄの映像が楽しめる本格的ゲームや、鮮明な画像が楽しめるデジタル放送の受信サービスの導入は日本より早かった。

携帯に関して言えば、韓国は日本の先を行っているのだ。実際、日本のデジタルカメラメーカーの中には、韓国でまずテスト販売するところもあるのだ。

興味深いのはその買い替えまでのスピードだ。

韓国の携帯利用者の機種変更までの期間は平均一年六か月で、これは他の国の半分だそうだ（数字は朝日新聞　二〇〇五年五月三十日から引用）。

新しいもの好きの韓国人の性格が如実に現れているようなデータである。

「服は新しいのが良く人は昔なじみがいい」

古い情は大切にしないといけないということわざがあるが、今の時代、ぼくならこう書き換えたい。

「携帯電話は新しいのが良く、人は今話している人がいい」

42

「柿の木の下に伏して熟柿の落ちるのを願う」

감나무《カムナム》 밑에《ミッテ》 누워서《ヌウォソ》 홍시《ホンシ》 떨어지기를《トロチギルル》 바란다《パランダ》

携帯先進国、大いに結構といいたいところだが、どうもその使い方を悪用する輩も現れてしまったようだ。

韓国の大学の入試センター試験（大学修学能力試験）においてメール機能を悪用した集団カンニングの事件は今も記憶に新しい。

度を越えた学歴社会、大学ごとの二次試験なしの一発勝負、そして携帯がひとり一台のデジタル先進国。まさに幾重にも条件が揃《そろ》った韓国でこそ起こりえた事件であ

ろう。

日本の受験戦争も切実だが、人生を左右する切迫感という意味では、この極限的状況にはかなわない。試験当日に渋滞を緩和させるために会社の始業時間を遅らせたり、遅刻しそうな受験者を白バイが会場に送り届けたりするニュースは冬の風物詩といっても良いが、重大性を考えると仕方のないことなのだろう（受験生のために少し電車を遅らせただけでたちまち非難の声があがる日本とは大違いだ）。

したがって、同情する気持ちもなくはないが、実際に関与した人間が三〇〇人以上。まして組織的に行われたことを考えると、もはや「魔がさした」というレベルの範疇《はんちゅう》を越え、卑怯《ひきょう》さを強く感じずにはいられない事件だった。

努力せずに幸運を期待するという意味で「**柿の木の下に伏して熟柿の落ちるのを願う**」ということわざがあるが、メールの着信を待つ間、机に伏しながら、自分の過ちに気付く受験者はいなかったのか。

道徳を重んじる韓国人でも、一生を左右する大学入試となると話は別なのだろうか。

43

「坊主が刺身代を払う」

중이《チュンイ》 회《フェ》 값《カム》 문다《ムンダ》

韓国に行くと必ず立ち寄るのがＣＤショップである。

前もってケーブルテレビなどで流行をチェックし、気になったものをリストアップしておく（現地でジャケットを参考にして買うと、失敗することが多い）。店に入るとメモを頼りに商品をかき集め、躊躇《ちゅうちょ》せずここぞとばかりに一気に購入する。

昔ほどではないが、アルバム一枚が日本で買うよりまだまだ安いので、たくさん買えば買うほど得なのである。

いざ会計となるわけだが、山のように商品をもってこようが、レジ袋は言わなければもらえないことが多い。しかも、有料であることもめずらしくない。

日本では、レジ袋の有料化はいまだ浸透しきれていないが、韓国ではかなり当たり前になっている。

スーパーやコンビニでも同様で、袋は当然付いてくるものという日本の生活に慣れきっていると「袋をください」という一言の煩わしさはいな否めない。

まして、それが安価とはいえ、タダじゃないというのはちょっと損した気分である。

こんな状況を言い表すことわざは「**坊主が刺身代を払う**」だ。

刺身を食べるはずのない坊主が、代金を支払って大変悔しいという意味である。

もちろん、環境のことを考えれば「日本も韓国を見習ってレジ袋の有料化を徹底すべきだ」と口角泡を飛ばして言わなければならないのだろうが、さしあたり財布の中身が切実な問題であるぼくはこれぐらいにしておきたい。

韓国で余計なお金を使いたくなかったら、大きなバッグを持つべし。

44

「肉の味を知った坊主」

고기맛《コギマッ》 본《ポン》 중《ジュン》

「ケンチャナヨ（大丈夫です）」は、韓国人の「おおらかさ」や「いい加減さ」を象徴する言葉としてもたびたび引用される。

ならば「ケンチャナヨ」の言葉通り、韓国の社会というのは「おおらか」で「いい加減」なのだろうか。

そういった面もあるにはあるだろうが、ことに一〇代や二〇代の若者を取り巻く環境を考えると、まったくそうは言えないようだ。

まずはその熾烈《しれつ》な大学受験制度。朝から晩まで、ほとんどの時間を学校や自習室ですごし、三年間勉強一色の生活といっても過言ではない。競争が競争に拍車を掛け、これは日本の高校生活に比べてもよりハードと言えそうだ。

また、男子には兵役の義務がある。二年以上の間「忍耐」を絵に描いたような生活を強いられるのである。

こう考えると、青春時代にたっぷりと蓄積されたしがらみから解放され、突然の「開放」にとまどってしまうということも十分ありえる。

たとえば、ネット喫茶で五十時間以上オンラインゲームをしていた二十八歳の男性が、過度の疲労で死亡するという事件があった。男性はゲーム中、休息も食事も取らずゲームに興じていたという。ゲーム中毒のために勤務していた会社を解雇され、毎日のようにネット喫茶を訪れていたそうだ(朝鮮日報ホームページ二〇〇五年八月四日を参考)。

男性の詳しい経歴などは不明だが、激しい受験戦争を切り抜け、兵役も立派に勤め上げた、どこにでもいる、ごくごく一般的な韓国男性だったのではないかと思う。

長年の緊張がある日突然「プツリ」と切れ、自分自身をコントロールできないほどに享楽の世界へと落下していく。そんな姿をぼくは想像してしまった。

「肉の味を知った坊主」

禁じられた快楽を知り熱中する人という意味だ。あまりに自由のない青春時代というのも、後々弊害がでて問題かもしれないとしみじみと思う。

45

「海は埋めることができるけれど人の欲望は満たすことができない」

바다는《パダヌン》 메워도《メウォド》 사람의《サラメ》 욕심은《ヨクシムン》 못《モン》 채운다《チェウンダ》

28「はははと笑っているが借金が十五両」の項で韓国の大学生の多くは学費の捻出に苦労しているという話を書いたけれど、この項では欲望に忠実な人たちの話である。

韓国には二〇〇一、〇二年に「プラスチックバブル」と呼ばれる消費ブームがあった。これは九八年に景気が急速に冷え込んだことで、個人消費を盛り上げようと政府がクレジットカードをばら撒いたのである。

詳しい数字を新聞記事から引こう。

「九九年に四千万枚だったカード発行枚数は三年後には一億枚を突破(韓国の人口は約四七〇〇万人。国民一人につき二枚以上のカードを所持していた計算になる※著者注)。個人消費は急回復し、失業率も三％台に半減した。同時に借金を返せない人も急増。支払い延滞者は四〇〇万人に達した。」（朝日新聞　二〇〇五年五月二十七日）

返済の負担から消費を切り詰める人が増え、二〇〇三年から消費の伸びは二年続けてマイナスになった。

束の間のバブルは、はじけるのも早かった。

日本でも消費者金融のＣＭを見ない日はない。どこの国でも目の前にあるお金では実現できないことや物に手を伸ばしてしまう人というのが後を絶たないようだ。

韓国のことわざにもある。

「海は埋めることができるけれど人の欲望は満たすことができない」

ソウルの洒落たスポットである狎鴎亭洞《アプクジョンドン》には週末の夜ともなると高級車が道にあふれるという。もしかしたら、あの中にも借金まみれの「火の車」が混ざっているのかもしれない。

ちなみに、意思が固くなければお金はたまらないという意味のことわざは「固い地面に水たまる（굳은《クドウン》 땅에《タンエ》 물이《ムリ》 괸다《クィンダ》）」という。

日本のことわざ「雨降って地固まる（物事が起こった後、かえって事態が安定する）」に言葉は似ているのに、意味が全然違うのがおもしろい。

46

「急いで食べるご飯はのどにつかえる」

급히《クッピ》 먹는《モンヌン》 밥이《パビ》 목이《モギ》 멘다《メンダ》

韓国で「飯食ったか?」と言われれば「こんにちは」ぐらいの意味である。

生活の中で食べるという行為が日本以上に大きな割合を占めている韓国では、ドラマを見ていてもやたらと食事のシーンが出てくる。言葉を見ても食べることや食べ物に関係した表現がじつに多い。

たとえば、その家族のことを良く知っているという意味で「箸の数まで知っている」という言い方があるし、そもそも、家族を意味する「식구《シック》」を漢字に直せば「食口」なのだ。

ことわざもしかりだ。

「急いで食べるご飯はのどにつかえる」
급히 먹는 밥이 목이 멘다)

「ご飯を食べているときは犬でも殴らない（밥《パム》 먹을때는《モグルッテヌン》 개도《ケード》 안《アン》 때린다《テリンダ》）」

（食事の時は殴ってはいけない）

「ナスの茎に首を吊る（가지나무에《カジナムエ》 목을《モグル》 맨다《メンダ》）」

（あれこれ選択の余地がない）

「餅も餅だが入れ物がなおよい（떡도《トクド》 떡이려니와《トギリョニワ》 합이《ハピ》 더《ト》 좋다《ジョッタ》）」

（内容も良いが外見はもっと良い）

「人のことを言うのは冷めた粥を食べるよう（남의《ナメ》 말《マ》 하기는《ラギヌン》 식은《シグン》 죽 먹기《チュクモッキ》）」

（自分の欠点より他人の欠点を見つけ出すのが容易）

「口ひとつが飢える（외주《ウェジュ》 둥이《トウンイ》가《ガ》 굶는다《クンヌンダ》）」

（一人暮らしは食事を抜きやすい）

「毛もむしりとらないで食べようとする（털도《トルド》 안 뜯고《アントゥッコ》 먹겠다《モッケッタ》）」

（何事もせっかちにやろうとする）

「急いで食べるご飯はのどにつかえる」

（急いでことを仕損じる）

このように枚挙にいとまがないほどである。

47

「初めの一さじで腹が膨れるだろうか」

첫술《チョッス》에《レ》 배《ペ》 부《プ》르《ル》랴《リャ》

第一印象というのは大事である。

もし最初に出会った韓国人とソリが合わなかったら、それきり韓国のことなど知ろうとも思わなかったかもしれない。最初の友人、最初の旅行、最初の食事、最初の映画、最初のドラマ、運が良いのか一度もハズレに当たらず今に至っている。

しかし、中には人生で最初に出会った韓国人に敵意を見せられ、ゲンナリした気分で「もう韓国人なんて」と倦厭《けんえん》した

り、最初の旅行で盗難に遭い「もう二度と行くまい」と心に決めた人もいるかもしれない。気持ちは理解できるし、もっともな反応だと思う。人間はやっぱりどうしても苦手なものが存在するし、それを変えるのは容易ではない。

ぼく自身、韓国が嫌いだと言っている人にわざわざ韓国の話はしないし、無理に好きにさせようという気持ちもない。

だが、こんなことわざもあることを紹介しておきたい。

「初めの一さじで腹が膨れるだろうか」

どんなことでも、たった一度だけでは満足な結果を得られないという意味である。

初めて観た恋愛ドラマがつまらなくても、次に観る歴史ドラマにハマるかもしれない。辛い食べ物が合わなくてもスイーツにハマるかもしれない。ぼくもソウルに何度も足を運ぶリピーターだが、腹はすぐに膨れても、すべてを知りつくすということはない。

間違っても、友人に恵まれなかったからドラマも観ない。盗難に遭ったから韓国人も嫌い。「嫌い」が「嫌い」を呼んで凝り固まっていき、せっかくの「縁」を潰すことだけは避けたいものである。

48

「ケチな金持ちの方が気前の良い貧乏人よりましだ」

다《タ》라《ラ》운《ウン》 부《プ》자《ジャ》가《ガ》 활《ファル》수《ス》한《ハン》 빈《ビン》자《ジャ》보《ボ》다《ダ》 낫《ナッ》다《タ》

「ケチな金持ちより気前の良い貧乏人の方がましだ」

このことわざを初めて目にしたとき、なるほどと思った。

韓国に行くたびに気前よくご馳走してくれる心温かな友人たちの顔を思い「そうだよな。やっぱり人間ケチケチしないで気前よくいかなきゃ」と改めて自分も誰かにご馳走したくなった。

ところが、もう一度よく目を凝らして読んでみると、何

か違う。

ケチな金持ちの方が、まし？

どうやら勘違いだったらしい。正しくは「ケチな金持ちの方が気前の良い貧乏人よりましだ」で、慈悲深い貧乏人より、たとえケチでも人に与えるものが多い金持ちの方が良いという意味だったのだ。

確かに一理、ある。あるのだが、うなずきたくない気分である。

個人的には、ケチな金持ちより気前の良い貧乏人の方が仲良くなれそうな気がする。

ケチと言えば、地下鉄に乗ろうと、財布からたまった小銭をかき集めていたら、韓国人の女友達から、韓国の男はあまりやらないと指摘されたことがある。韓国の男性は小銭入れ自体あまり使わず、直接ポケットに入れることが多いらしい。

確かに、小銭入れから一枚一枚コインをとり出す姿というのは、威厳を大事にする韓国の男性たちからするとさぞケチケチして見えるのだろう。

こんなに似ている世界のことわざ⑥
「ひもじいときにまずいものなし」

よくビールは最初の一口が美味いなんてことを言う人がいる。

まったく同感だ。けれど、もちろん一口目だけ味が変わるわけではなく、仕事が終わった開放感やたくさん汗をかいた後などコンディションの問題であろう。緊張の度合いや水分を求める肉体的欲求によって、特別おいしいと感じたりまず不味《まず》いと感じたりするのだから不思議である。

「初めの一さじで腹が膨れるだろうか（첫술에《チョッスレ》 배《ペ》 부르랴《プルリャ》）」という言葉を紹介したが、空腹時であれば、その一さじこそが最高のご馳走となるだろう。

日本語でも「ひもじいときにまずいものなし」というが、世界にも似たことわざは多い。

「空腹はどんなものでもうまく料理する」（イタリア）

「飢えた犬に固い骨などない」（フィリピン）

「空腹は最高のソース」（イギリス）

「空腹は最高のスパイス」（ドイツ）

「飢えはすっぱい豆を甘くする」（ドイツ）

「飢えた者にはパンが蜜より甘い」（リトアニア）

韓国でも「ひもじさがおかず（시장이《シジャンイ》 반찬이다《パンチャニダ》）」や「飢えは最良の料理（기갈이《キガリ》 감식《カムシク》）」などという。

なお、この「最良の料理（감식《カムシク》）」漢字に直すと「甘食」。辛い料理の多い韓国でも、やはり「おいしいもの＝甘いもの」という定義は変わらないようだ。

49

「ずた袋も好きでぶら下げる」

동냥《トンニャン》 자루도《チャルド》 제맛에《チェマンネ》 찬다《チャンダ》

韓国女性のファッションは最近では日本とあまり違わないように見える。

冗談みたいなこってりメイクも今は昔。専門家でないぼくは、ますます外見での見分けがつかなくなってきた。

ただし、ぼくはあるファッションで言えば、かなりの確率で韓国人を言い当てる自信がある。

それはストレートのロングヘアにオーバーオールという組み合わせである。

春先ソウルを歩けば、サラサラヘアを風に遊ばせながら、彼氏の腕にぶら下がっているオーバーオール姿の女性たちを普通に見ることができる。

なぜ、韓国女性がオーバーオールを好むかということは定かではないが、細身でファッションモデルのような女性たちまでが好んで着ているのをみると、よっぽど無くてはならない定番のスタイルなのだろう。

一方、日本でオーバーオールを着ている成人女性を探そうと思ったら大変である。

第一、日本女性の一体何パーセントくらいがオーバーオールを持っているのだろうか。

街を歩いていても、そうそうすれ違うことはないので、かなり少ない割合であることは間違いなさそうだ。

人の好みはいろいろであるということわざにこういう言葉がある。

「ずた袋も好きでぶら下げる」

同じように見えて、その国独自の好みの傾向というのは、案外色濃くでてしまうものかもしれない。

もうひとつ思い出したが、韓国の女性はなぜあんなにベースボールキャップが好きなのだろう。

オーバーオールにベースボールキャップ。

機会があればじっくり調査してみたいものである。

50

「近道が回り道」

질러《チルロ》 가는《ガヌン》 길이《ギリ》 돌아가는《トラガヌン》 길이다《ギリダ》

長年懇意にしてきた友人から突然自分が在日韓国・朝鮮人であることを告白されたら、自分は一体どうするだろうか。

おそらく、相手を傷つけまいと考え付くかぎりの言葉を頭に浮かべるに違いない。きっとその中には「国籍がどこでも関係ないじゃないか。ぼくらはこれからも友達だ」という一見、模範解答らしき言葉もあるだろう。

だが、このひとことは実は相手にひどく徒労感を与えるひとことでもあるということを一冊の本で知った。

野村進《のむらすすむ》さんの『コリアン世界の旅』という本の中に、ある在日の人が語った言葉がある。

「友達に何をしてほしかったかというと、もっと私の話を聞いてほしかったんですよ。もっと話を聞いて一緒に考えて欲しかった。そして友達は私のことを自分と同じ日本人と思うかもしれないけど、まず違うものとしてとらえてほしかったんですよ」

話を「ぼくらは同じ人間じゃないか、友情に国境などない」という壮大なレベルまで引き上げてしまうと、聞こえはいいけれど何の解決にもならず、むしろ、相手の告白を「取るに足らないこと」というレベルにまで押し低めてしまうことになる。

また、こちらが相手が生きてきた背景に無関心を決め込んだと捕らえられかねない。

精一杯、相手をおもんばかって発した言葉が、相手に無視されたのと同じように捉えられてしまうのは不幸としか言いようがない。

日本の「急がば回れ」と同じ意味で韓国には「**近道が回り道**」という言葉がある。「君の国籍は関係ない」という言葉は、確かに単刀直入で手っ取り早い愛情表現であるかもしれない。

しかし、一緒に考え一緒に悩み、自分もいろいろなことを知っていくことのほうが、たとえ時間がかかったとしても、その分友情は深まるのではないだろうか。

相手が自分を理解してくれるためにしてくれた「回り道」は決して相手を傷つけたりしないはずである。

51

「分別がつくやもうろくが始まる」

철《チョル》 들자《ドゥルジャ》 망령《マンリョン》 난다《ナンダ》

「韓流」はハングルの検定試験の受検者数も引き上げた。二〇〇四年「ハングル」能力検定試験の出願者数は二万人を突破した。

最も多く受検したのは二〇代（三八・五％）、次いで三〇代（二三・二％）、一〇代（一九・八％）の順である。（数字は「ハングル能力検定試験　受験案内」（％は二〇〇四年秋季時のもの）から引用）

男女比率は不明だが、自分が受検した経験から言うと、やはり女性の姿が目立つ。若い学生から主婦とおぼしき中年女性まで結構幅広い。

51 「分別がつくやもうろくが始まる」
철 들자 망령 난다

試験開始ギリギリまでテキストを食い入るように見つめている女性が多く、彼女たちのオーラが会場全体を圧倒している感じだ。

あとはビジネスマンらしき男性がちらほら、あまり見かけないのが男子学生だ。

語学の資格取得に熱心なのは男子より女子というのは、ハングルに限ったことではなく、全体的な傾向なのかもしれないが、それにしても少ない気がした。

このままだと、日本における優秀な韓国語教師や翻訳者はすべて女性になってしまうのではと、内心心配してしまう。

そして、意外に多く感じたのは五、六〇代くらいの男性たちだ。趣味のひとつとして、改めて韓国語を始めるという人が多いのかもしれない。

年配の男性たちがハングルを始めるというのは、とても格好良いことだと思うし「通」だと思う。「ヨンフルエンザ」(死語？) に感染した妻との話題づくりだったり、長年の隣国への無関心を悔い改めるためだったり、その理由は様々だろうが、ぼくはやっぱり応援したい。そして、若い男子の代わりに、ハングル道を究めて欲しいとも思う。

「分別がつくやもうろくが始まる」ということわざがある。

活力に満ちている時間は長くないという意味だが、分別がついてもまた新しいことに挑戦する人は、もうろくとは無縁だということも、また真実であろう。

52

「馬もいとこまでは交尾しない」

말《マル》도《ド》 사《サ》촌《チョン》까《カ》지《ジ》 상《サン》피《ピ》를《ルル》 한《ハン》다《ダ》

韓国では儒教の教えからか、同じルーツを持つ同じ姓の異性「同姓同本」とは結婚できない（同本とは「同じ本貫」という意味で、日本でいう「本籍地」のようなものである）。

これは、日本でたとえるならば、東京に先祖を持つ鈴木さんは、同じく東京に先祖を持つ鈴木さんと結婚できないということである。

韓国には二五〇ほどしか姓がなく、「同姓同本」と

「馬もいとこまでは交尾しない」

말도 사촌까지 상피를 한다

遭遇する機会が多い。したがって人を好きになる際には細心の注意が必要であろう。

同じ姓はおろか、いとこ同士でも結婚可能な日本とは大きな違いである。

韓国では日本を批判するとき、このことを度々引き合いに出し「日本は近親相姦《そうかん》の国」とやることが多い。

日本人としては、身に覚えの無い言われなきレッテルであるが、生まれたときから「同姓同本結婚不可」が当然のこととしてまかり通っている韓国人としては「いとこと結婚可」は信じがたきショッキングな制度であるのかもしれない。

ことわざにも、近親相姦を戒めるこんな表現がある。

「馬もいとこまでは交尾しない」

「日本人は馬以下である」と暗に言われているような気がしないでもない。

では血縁が遠ければ遠い程いいかといえば、そんなこともなくこれが外国人となるとまたややこしい。その子供の立場もまたしかりで、最近でこそＴＶなどで混血の俳優やスポーツ選手にもスポットが当たるようになったが以前はタブー視されていたという。そういえば、韓国の人と話していると、あの日本のタレントはハーフか、否かという質問をよく受ける。血に関しては日本人以上に敏感なのかもしれない。

53

「枝の多い木に風の休まる日なし」

가지《カジ》 많은《マヌン》 나무가《ナムガ》 바람《パラム》 잘《チャル》 날이《ナリ》 없다《オプタ》

日本と韓国では、社会問題までも似たり寄ったりである。

出生率の低下もそのひとつで、韓国統計庁の発表によれば、二〇〇五年の韓国女性が一生の間に生む子供は一・〇八人で前年比よりも〇・〇八人減少したという（数字はasahi.com 二〇〇六年五月八日より引用）。

同年の日本の出生率は一・二五人なので、日本よりさらに低いということになる。今では、韓国は立派な（？）世界低出生国のひとつになってしまったのである。

原因はさまざまあるだろうが、長引く不況、晩婚化、高い離婚率、高額な教育費、まったく何から何まで日本とそっくりである。

ぼくの周りで言えば、一人っ子というのはまだ見当たらないけれど、この先、本当に「兄弟なし」が主流になってしまうかもしれない。

韓国には、子供が多いと心配事が耐えないという意味で**「枝の多い木に風の休まる日なし」**という言葉がある。

しかし、これからは「枝の多い木」（子供の多い家庭）自体をどうやって増やしていくか、そして、それをいかに保護していくか、それこそが日韓両政府の大きな課題となりそうだ。

ところで、韓国では「ブラザーフッド」をはじめ、兄弟愛（特に男兄弟）をテーマにした映画が多く制作され人気を集めるが、男同士肩を組んだりするシーンでもわざとらしさがなく、日本人が演じる以上に違和感なく観ることができる。これもひとえに家族単位のつながりの強い韓国のなせる力である。

ならば、こんな法律を作ってみたらどうだろう。「映画館は常に兄弟ものの映画を上映しなければいけない法」。制作費の一部を国が負担するなどすれば、良質な兄弟映画が公開され、感動した親たちは一人っ子の我が子を不憫に思い、二人目三人目の子作りに前向きになるのではないだろうか。馬鹿馬鹿しいと言わずにやってみたら、意外に効果があるかもよ。

54

「犬の糞の上で転んでもこの世がいい」

개똥밭에《ケートンバッテ》 굴러도《クルロド》 이승이《イスンイ》 좋다《ジョッタ》

日本では近年、子供による自殺が深刻な問題となっているが、韓国でも二〇〇三年には一万人を越え、数年前の日本の姿を追っているようだといわれている。今や、日本と韓国は自殺最多国の世界ナンバーワンを争うまでになってしまったのである。

韓国の自殺者の年代別を見てみると、四十歳〜四十九歳の年齢層が最も多く、専門家は働き盛りの男性たちが、IT産業による経済破綻を苦に自殺という選択にはしってい

るのだと分析している。

息が詰まりそうな受験戦争より、さらには日々忍耐の軍隊生活より、もっと辛くて苦しいことがあるとすれば、それはいつまで続くかも分からない、不況という泥沼地獄なのかもしれない。

苦労しても死ぬより生きているほうがいいという意味でこんなことわざがある。

「犬の糞の上で転んでもこの世がいい」

死んでしまえばすべてチャラかもしれないが、この言葉に言い表されるように生きることに執着したい。韓国の映画やドラマにはたびたび不治の病が登場し、アンチ韓国ファンには「またか」と眉をひそめられるが、根底に「生きたい」という生への執着があればこそ成立する演出である。

「犬の糞の上で転ぶ」くらいならまだいい。「仕事がなくても」「借金がかさんでも」「妻に逃げられても」どんな過酷な条件がきても「この世がいい」という一言だけは捨てたくないものである。

55

「生まれたばかりの子馬がソウルに行ってくるよう」

하《ハ》룻《ルッ》망《マン》아《ア》지《ジ》 서《ソ》울《ウル》 다《タ》녀《ニョ》오《オ》듯《ドゥ》

ソウル行きのフライトでは、男性より女性、特におばさまたちの姿が目立つ。スターの追っかけに限らず、ガイドブックを手本に韓国旅行の楽しみを考えてみると、グルメ、買い物、エステ（整形？）、どれも女性が好みそうなものばかりだ。

では、男性たちは、一体ソウルで何をして楽しんでいるのだろうか。

個人差はあるだろうが、焼肉を食べ、たらふく酒を飲み、ブランド時計のコピー（ニセモノ）を買うのがせいぜいという人が結構多いのではないか。

韓国という国を日本人男性が楽しもうとすると、案外簡単にはいかない。

他の外国のように街を歩いているだけで、日本では見られないような絶景が現れたりはしないし、ソウルのごちゃごちゃした町並みは東京にそっくりで、鐘路《チョンノ》などを歩いていると、ふと新橋の雑踏を歩いているような気分に陥る。

男性が韓国を満喫しようとしたら、楽しむための知識や才能が必要だと思うのだ。歴史を知っていたり、日本の習慣との細かな差を知っていたり、能動的に得た知識、いわば基礎体力があってはじめて楽しめる、意外にハードルの高い外国なのである。

そして、二度と行きたくないという人は、何の予備知識もなく、ただ受動的に韓国を見ただけという人が多いのだろう。

感覚的に、人が冷たいと感じたり、食べ物の辛さから全部同じ味に感じたり、ハングルにめまいを感じたり、ニンニクの匂いを過剰反応してみたり、知識としてではなく表面上から受ける刺激から、あらゆる好奇心に自分でフタをしてしまっているのである。

こんなことわざもある。

「生まれたばかりの子馬がソウルに行ってくるよう」

分別の無いものがいくら良いものを見ても何の役にも立たないという意味だ。

韓国旅行の思い出が、時計を買って焼肉を食べたというだけなら、わざわざ韓国まで行く必要なんてないのかもしれない。

56

「目が遠ければ心も遠くなる」

눈《ヌ》이《ニ》 멀《モル》면《ミョン》 마《マ》음《ウム》도《ド》 멀《モ》어《ロ》진《ジン》다《ダ》

遠距離恋愛を長続きさせるというのは、日本人・韓国人を問わず大変なことであるが、若干日本人のほうに順応性があるのは事実と言えるかもしれない。日本人は韓国人に比べれば、相手を「待つ」というマゾヒスティックな「楽しみ」を知っているし、絶えず濃い人間関係を結んでいなくとも結構平気な人種だからだ。わざわざ「韓国人に比べれば」と書いたのは、彼らが遠距離恋愛下手なので、彼らほどではないと思ったのも、ある。

朝鮮日報（ホームページ）が二〇〇四年六月に発表したデータに興味深いものがあったので紹介する。

海兵隊の将兵四〇〇人を対象に調査した結果で、入隊前に恋人がいたと答えた将兵は六四%であった。そして、その半分以上である五三%が軍服務中に別れていることがわかったのだ。

失恋時期で最も多いのは、訓練兵の時や二等兵の時期で、入隊して間もない時期であることが多い。入隊後一年を乗り切れば、恋人と別れる確率は少なくなるというが、それでも先の通り、除隊前に半分以上は別れてしまう。これは結構な確率である。

もっとも「彼氏が軍隊に行く」というのは遠距離恋愛でもかなり特殊なケースではあるが、長く顔を見ず、また声も聞かず相手への気持ちを持続させるというのは、ベッタリな恋愛を好む韓国人にとっては、どの国の人たちより耐え難い苦痛となるだろう。

人間関係は遠く離れてしまうとその情も薄れてしまうという意味で「**目が遠ければ心も遠くなる**」ということわざもある。

ところで、遠距離恋愛と言えば、韓国男性株の上昇による日本女性・韓国男性の国際カップルも増えていることだろう。

文化の違い、家族の問題、成就させるにはさまざまな難関があるのは国際恋愛の避けられない道である。

しかし、こと当人同士に関していえば、テレビ電話で目を見て話すこともそう難しくなくなった今、幾分か壁は取り払われたといえるだろう。

こんなに似ている世界のことわざ⑦

「惚れて通えば千里も一里」

「目が遠ければ心も遠くなる（눈이《ヌニ》 멀면《モルミョン》 마음도《マウムド》 멀《モ》어진다《ロジンダ》）」ということわざを紹介したが、韓国に限らず世界各国、遠距離恋愛はなかなか成就しにくい現象らしい。国は変われど人間の心の基本構造というのは似たり寄ったりなのだろう。

「見えなくなると忘れられる」（イギリス）
「目から消えれば心からも消える」（ドイツ）
「不在は恋の敵、会わなくなれば心も遠のく」（イタリア）
「去る者は日々に疎し」（日本）

韓国人は情熱的なイタリア人とよく比較されるが、やはり通ずるところがあるのかもしれない（?）。

しかし、ものは考えよう。その遠距離という大きな壁を乗り越えさせてくれる、それが完全無欠の愛の力というものなのかもしれない。

韓国のことわざで言えば「千里の道も一里（천리《チョルリ》길도《ギルド》 십《シム》 리《ニ》）」、恋人に会うためならどんなに離れていても苦にはならないというわけだ（なお、これをメートル法に直してみると、韓国の一里は約一〇九メートル強なので、千里は、約一一〇キロ。これは、東京から山梨県甲府市に相当する距離である）。

ロシアでは「愛しい人のためなら、七露里（約七キロ）も遠回りじゃない」といい、トルコでは「恋人のためならバグダードも遠くない」という言葉があるという。いずれも同じ意味である。

57

「香典は出さなくても祭壇はたたくな」

부조는《プジョヌン》 않더라도《アンドラド》 제상《チェサン》 다리는《ダリヌン》 치지《チジ》 말라《マルラ》

教科書、慰安婦、竹島、靖国。

日韓にはまだまだ問題がてんこもり。

ひとつの問題が盛り上がりを見せると、とたんに韓国での反日感情が高まり、両国民間での交流が滞ってしまう傾向がある。

ためしに、二〇〇五年島根県議会による「竹島の日」条例制定時に寸断された交流を新聞記事からざっくり拾ってみよう。

まずは日本の高校生による郷土芸能公演延期、日韓小学生のサッカー交流中止、大学サッカーの日韓定期戦延期、所沢市と姉妹関係を結ぶ韓国・安養《アニャン》市の親善団訪問中止、「冬ソナ」の舞台、江原道春川《チュンチョン》市による岐阜県各務原《かかみがはら》市などとの相互交流事業の無期延期、韓

「香典は出さなくても祭壇はたたくな」
부조는 않더라도 제상 다리는 치지 말라

国中部の大田市《テジョン》は竹島条例撤回されない限り、島根県大田市《おおだ》との姉妹提携撤回など。新聞が取り上げたものだけでも、実にこれだけの交流が途絶えてしまったのだ。

そして、その理由を見れば、往々にして韓国サイドが「今は受け入れられる状況ではない」と日本を一方的に拒絶するケースが顕著である。

「政治と国民間の交流は別」と考えている日本人が見たら、これはかなりショックである。

このような韓国側の反応を見て修学旅行の行き先変更に踏み切る日本の学校や、個人でも旅行を自粛する人なども出てくるだろう。

そうなれば、旅路思いがけない親切に触れ胸が熱くなる瞬間も、国は違えど共通の趣味の話題で意気投合する機会も、そして、個人個人がそれぞれの考えをもって生活しているという至極当たり前だけれど、つい忘れがちな事実を再確認させてくれる経験も、失われてしまう「生の日本人体験・韓国人体験」は大変な数になることは想像にたやすい。

「香典は出さなくても祭壇はたたくな」ということばがある。

助けてくれなくても妨害だけはするなという意のことわざである。

韓国政府は日本政府へ言いたいことがあるだろう。しかし、国民まで巻き込んで交流を邪魔することは、身勝手を通り越して罪と言ってもいいだろう。

58

「涙は下に落ちてもさじは上がる」

눈물은《ヌンムルン》 내려가고《ネリョガゴ》 숟갈은《スッカルン》 올라간다《オルラガンダ》

二〇〇四年に韓国で放送され、その後日本でも放送された「パリの恋人」というドラマがある。

本国で視聴率五〇%を越えるヒットを記録したドラマだけあり、シンデレラストーリーを軸に、笑いあり涙ありのテンポの良いストーリー展開はさすがである。

度重なる逆境にもめげず、貧乏ながら明るくたくましい。そしてなによりドジな主人公は、他の韓国ドラマのヒロインに劣らない人間的な魅力を放っている。

それどころか、凌駕しているとさえ感じる。

韓国ドラマにありがちな子供時代の描写がなく、あくまでコメディー調なので、軽い気持ちで入り込め、日本人視聴者にはクセの少ない良作ドラマである。

さて、この「パリの恋人」にはこんなシーンがある。

会社からクビを言い渡されたキム・ジョンウン扮するヒロイン、カン・テヨンが最後の出社を迎える。

いつになく豪華な朝食を作り、挫けそうになる自分の気持ちを奮い立たせる。

朝から肉を頬張るヒロインに「人でも殺しそうだ」と同居人は眉をひそめるが、テヨンはこう言ってのける。

「こんな言葉があるわ。涙は下に落ちてもさじは上がる」

そう、これも韓国のことわざで、どんなに悲しくても飢えて死ぬわけにはいかないという意味である。

ウジウジしているくらいなら、モリモリ食べて元気をだそう、というポジティブな姿勢が現れていて痛ましくも微笑ましいシーンである。

たいていのドラマがそうであるように、いい大人が悲しいときいつでもどこでもボロボロ泣ければ苦労はしない。普通はこのヒロインのように「カラ元気」でも出して乗り切る。というか、乗り切るしかない。

日本でも韓国でも「元気」なふりして心で泣いている人は実際多いのでしょう、やっぱり。

59

「日なたが日陰になり、日陰が日なたになる」

양《ヤン》지《ジ》가《ガ》 음《ウム》지《ジ》되《デ》고《ゴ》 음《ウム》지《ジ》가《ガ》 양《ヤン》지《ジ》된《デン》다《ダ》

天下は回り持ちであるという意味のことわざに「日なたが日陰になり、日陰が日なたになる」ということわざがある。

韓国芸能界はまさにこの言葉にふさわしい。

ペ・ヨンジュンが韓国では日本ほど人気がないというのは結構有名な話である。

しかし、これはペ・ヨンジュンだから云々の話ではなく、韓国のエンターテイメイントファンたちの心が非常に移り

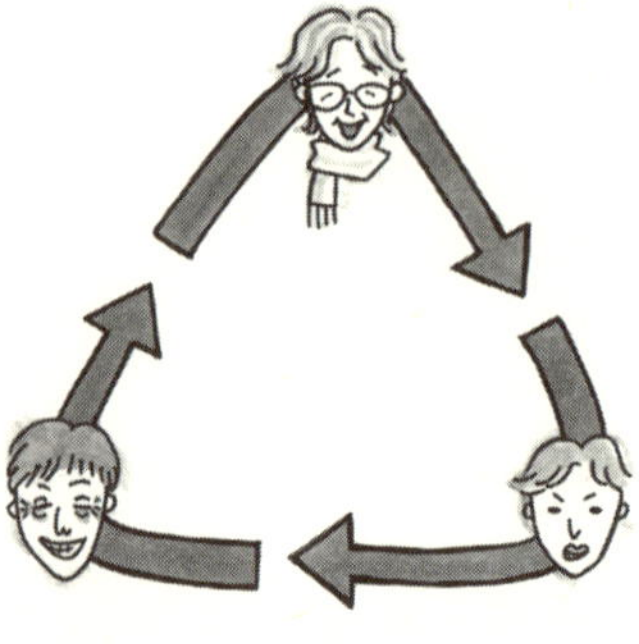

気であるせいであろう。

大ヒットドラマの主人公を演じどんなに話題になろうとも、新しいドラマが始まり人気を博せば、すぐに世間の注目は新しいドラマの主人公に取って奪われる。

もちろん、運良くヒットドラマにキャスティングされれば再び人気をとり戻すことも可能といえるが、言うまでもなく、むずかしい。うかうかしていると、またたく間にオールドスターの烙印が押されてしまうのが韓国芸能界のシビアな一面である。

一方、日本では、どんなに韓国ドラマ、映画が紹介されようが、主役は常にペ・ヨンジュンその人であるように思われる。雑誌やインターネットなどでは「ポスト　ペ・ヨンジュンは誰か」などのアンケートが、たびたび発表されるが、彼の人気を脅かすような絶対的な存在というのはまだなく、この先彼ほど話題に上るであろう存在も見当たらない。個人個人好みの細分化は進んでも、それはマニアという枠組みに括られるような世界である。

なお、ヨン様の話題ついでに紹介すると、彼のように色白ですらりとした体型の男性を表現するのにこんな言葉がある。

「洗った白菜の株のようだ（씻은《シヌン》 배추《ベチュ》 줄기《ジュルギ》 같다《ガッタ》）」

白さを表すのに白菜が出てくるところなど、なんとも韓国らしいことわざである。

60

「スズメが精米所をそのまま通り過ぎようか」

참《チャム》새《セ》가《ガ》 방《パン》앗《アッ》간《カヌ》을《ル》 거《コ》저《ジョ》 지《チ》나《ネ》랴《リャ》

東京の大久保界隈は日々変化している。

ブームは落ち着きを通り越し定着へと向かっている一方で、韓国の関連グッズを売る店は日に日に増えていくような気さえする。

ＣＤや食品など豊富な品揃えの韓国総合物産店から、ちょっとしたスペースにスターの写真つきキーホルダーやマグカップ、クリアファイルなど、ちゃっかり並べた便乗店まで、驚くべきことは、商品のラインナップは似たり寄ったりに見えて、どこもかなり盛況であるということである。

せっかく大久保にいるのだからという意識も手伝ってか、ソウルで二束三文で売っている他愛もないものまで、通行人の関心を集めている。

現地価格を知っている者としては、思わず「その五百円のキーホルダー、ソウルなら百円で買えますよ」などと余計なおせっかいを焼きたくなるものの、店主の目のある手前、そしらぬ顔で通り過ぎることにしている。

しかし、大切なお金を払うにしろ思いとどまるにしろ、つまらないものでも欲しいものがあって、またそれによって満足を得られるというのは、なんと幸せなことだろうとも思うのである。

自分の好物をみすみす見過ごすわけがないという意味で「**スズメが精米所をそのまま通り過ぎようか**」ということわざがある（「欲深い人は利益を見逃さない」の意味もある）。

通り過ぎることが出来ないくらい好きなものが、数百円のキーホルダーや写真立てなら人生楽しいだろうな、とちょっと羨ましくもある（皮肉でなく）。

61

「オオカミはオオカミ同士、ノロはノロ同士」

늑대는《ヌクテーヌン》 늑대끼리《ヌクテッキリ》 노루는《ノルヌン》 노루끼리《ノルッキリ》

確かに予想はしていたが、まさかこれほどまでに男が少ないとは思わなかった。ハングルの初心者が寸劇やアフレコなどで、学習成果を披露する大会を見学したときの正直な感想である。

その東京地区の大会では、高校生、大学生、社会人、全体を通して四十人ほどが実力を披露したのだが、男性は一割程度、わずか四、五人に留まっていた。たしかに演劇的要素が強く、往々にして照れ屋が多い男性たちの腰がひけてしまうのも理解できる。

理解できるのだが、それにしても、である。

ハングル検定の試験会場で感じた「ハングル、男子学生に不人気」持論が改めて実証されてしまったようで「やっぱりか」と小さくため息をついてしまった。

しかし、圧巻だったのは女性たちの眩しいくらいの溌剌さである。楽しくてしょうがないという気持ちがまるで春風のように伝わってくる。高校生たちももちろんだが、とくにまばゆい光を放っていたのは大学生、社会人の参加者だったように感じた。

既に紹介した 4 「晩学の泥棒は夜が明けるのもわからない」ではないが、年を重ねて改めて熱中できるものを見つけた人というのは、やっぱり強い。どうせやるなら楽しまなければ損だという気持ちも手伝ってか、ノリが違う。

類は友を呼ぶという意味で「**オオカミはオオカミ同士、ノロはノロ同士**」という言葉がある。

韓国語の学習者は以前に比べれば増えてきたものの、まだまだ英語には遠く及ばず少数派といえるだろう。まして働きながら独学で勉強していれば、周囲に同じ韓国語学習者がいないことも多く、なかなかこれだけたくさんの同志（?）に出会う機会も少ないはずだ。

私はひとりじゃない。

そんな気持ちも、実力を十二分に発揮する手助けになったのかもしれない。

62

「カラスの肉を食べたのかな」

까마귀《カマギ》 고기를《ゴギルル》 먹었나《モゴンナ》

韓国に行くと、急に忘れっぽくなる。

いまだ韓国という国に「住んだ」ことがなく、常に一時滞在者としてしかその地を踏んでいないせいか、異邦人としてのプレッシャーが強く、精神が解放されていないのが原因だろう。まさに韓国語の「정신이《チョンシニ》 없다《オプタ》（気が気でない）」状態である。

おまけに、会話は不自由な外国語、頭は目の前の事柄を処理するのでいっぱいいっぱい。

現地で再会した友人から昨日の夕食を聞かれ、はて何を食べたか

62 「カラスの肉を食べたのかな」
까마귀 고기를 먹었나

とっさに答えられず、あわあわと不恰好に口だけをパクパク動かし冷や汗を流すこともある。

情けないことこの上ない。

さて、韓国ではこんな忘れっぽいぼくのことをこんな言葉でからかうことができる。

「カラスの肉を食べたのかな」

ゴミ捨て場のネットもあの手この手でかいくぐる頭の良い鳥なのに、忘れっぽくなるとはカラス自身はさぞ心外だろう。

しかし、仮に本当にカラスの肉を食べたならば、決して忘れることのできないびっくり体験である。

鳥を食べることに関連したことわざでいえば、もうひとつおもしろいものがある。

「スズメを食べた（참새를《チャムセルル》 까먹었다《カモゴッタ》）」

これはつまらないことをペラペラしゃべる人のことをさすことばである。

ともに日本ほど都会では見かけない鳥である。

63

「部屋を見てくそをたれる」

방《パン》 보《ボ》아《ア》 똥《トン》 싼《サン》다《ダ》

二〇〇六年のトリノオリンピックでこんなことがあった。

アメリカのモーグルスキー代表のトビー・ドーソン選手が銅メダルを獲得したのだが、実は彼、親から捨てられ韓国釜山《プサン》で暮らしていた孤児だったのだ。

孤児院で暮らしていたドーソン選手は三歳のときアメリカコロラド州ベイルでスキー講師をしている里親へと引き取られる。十二歳でスキーを始めた彼はその十六年後、晴れて世界第三位の選手と成長するのだが、これが彼にとっては祖国韓国との苦い経験の始まりになってしまった。

それまでも実の両親を探してはいたものの、手がかりはなかった。

「部屋を見てくそをたれる」

방 보아 똥 싼다

家系の純潔意識の高い韓国では毎年二〇〇〇人以上の幼児が養子として海外へと送られている。そもそも、海外への養子縁組自体がめずらしいことではないので、関心が低いのもうなずける。

しかし、銅メダルを取った瞬間、状況は一変した。

まずは、メダル獲得から五日ほどで父親第一号が現れる。バスの運転手をしている五十二歳の男性だった。

これで話は終わり。一件落着かと思われたがそうはいかなかった。

数日のうちに自分が父母だ、関係者だ、と名乗る情報が二〇〇件も彼の元に寄せられた。過剰反応に戸惑いを感じたドーソン選手は、予定していた訪韓も取りやめることになってしまう。

とかく、人の出自や地位、名誉にこだわりが強すぎるのは韓国人の傾向ではあるのだろうが、少しあからさまというか、わかりやすいというか。

「部屋を見てくそをたれる」

人の優劣を見て、態度や待遇を変えるという意味の韓国のことばである。

悲しいかな、まさしくこの通りである。

64

「目がいくら良くても自分の鼻は見えない」

눈이《ヌニ》 아무리《アムリ》 밝아도《バルガド》 제《チェ》 코는《コヌン》 안《アン》 보인다《ボインダ》

日本通の韓国の友達とチャットなどしていると、思わぬところで話が通じなくなる。相手が夢中になっている日本のドラマや音楽を自分自身が知らないことが多々あるのである。

だからあるドラマにハマっていると韓国の友達に言われても、最初はピンと来なかった。遅ればせながら、一体どんなドラマかとチェックすると、勤続十年を迎えるベテラン女性社員がその面倒見の良い性分から、同僚が抱えるトラブルを解決していくというストーリーである。

現実に働いている女性が抱えているであろう日々の鬱積がこれでもかと描かれていて、

見ていて多少心が痛む超現実的ドラマである。

韓国ドラマの真骨頂である「不治の病」「出生の謎」「貧富の差」など、過激なまでのドラマチック&ファンタジーな要素はほとんど出てこない。

このドラマに夢中だという韓国人の彼女は閉塞的な立場が今の自分の立場によく似ているのだとこの女主人公にひどく共感したようだった。

エンターテイメントでその国の文化を知るというのは、これほど手っ取り早いことはない。いくら政府が反日を掲げても、このネット時代、情報を手に入れる方法はいくらでもある（違法ダウンロードの問題もあるが）。

日本が関心の対象であるということをまず歓迎したいし、「ぼくより詳しいじゃないか」と揶揄しながらも、悪い気は全然しない。

「目がいくら良くても自分の鼻は見えない」

頭が良くても自分のことはわからないという意味である。

自分の国のことがちょっとおろそかになる傾向のあるぼくは「あなたの国のこれが好き」と言われて、結構まんざらでもない気分である。

65

「腕は内側に曲がるのであって外側に曲がろうか」

팔이《パリ》 들이굽지《トゥリグムジ》 내굽나《ネグムナ》

二〇〇六年六月十二日、テレビの前に背筋を伸ばして座った。ワールドカップの日本戦である。対するオーストラリアの監督は日韓大会で韓国を率いたヒディンクである。

試合が始まって早々、素人目にもタフな試合になることは予想がついた。動きの速い日本選手たちをオーストラリアの大男たちがつぶしにかかる。

「大人気ねえなあ」思わず唸ってしまう。それでも前半に中村俊輔選手からのクロスがネットを揺らした。危なっかしくもリードを守り終了まで残り僅か、これはいけると確信していた。ところが、である。

「腕は内側に曲がるのであって外側に曲がろうか」

팔이 들이굽지 내굽나

承知の通り、最後の六分で瞬く間に三点入れられ、日本は敗者の人となった。

かくして我々は日韓共催時に散々見慣れたヒディンク監督の「アッパーカット」(ガッツポーズ)を見せられることになってしまったのである。

さて、このヒディンク監督、日本戦の前に「韓国のために日本に勝つ」と言っていたという。なぜ同じ予選グループにいるわけでもない日本に勝つことが、韓国のためになるのか。

あくまで想像だけれど、韓国国民は当然皆「元監督」の自分を応援し、日本をコテンパンにやっつければ韓国が狂喜乱舞すると思っての発言だろう。

韓国の英雄ヒディンクと日本を天秤にかけられたら、そりゃまだまだ日本は分が悪い。けれど、韓国内にも同じアジアの代表を応援する人々は確かにいる。どうせなら「(韓国宿命のライバルにして同じアジア代表の)日本と私は戦うが、たとえどちらが勝っても勝者を称えてくれ」と言ってほしかった。

「**腕は内側に曲がるのであって外側に曲がろうか**」ということわざがある。人は身近な人間の味方をしたくなるものだという意味だ。

日本は韓国のライバルではあるけれど、同じアジアの仲間でもあるのだ。

66

「行くことばが優しければ、来ることばもやさしい」

가는《カヌン》 말이《マリ》 고와야《コワヤ》 오는《オヌン》 말이《マリ》 곱다《コプタ》

韓国関係の書籍を精力的に出している某出版社に、単行本の企画を送ったことがある。丹精こめて書いた手紙と返信用封筒まで付けたので、何かしらの反応はあるのではとのん気に思っていた。一週間、辛抱強く連絡を待ったが、なしのつぶてだ。

ダメでもともと、メールにてご機嫌伺いをしてみた。

すると、やっと届いた返信は非常にシンプルなものだった。

「この企画の件、出版する計画はありません…」

ああ、にべもない。

書き出しがいきなりこうである。あいさつも、自己紹介もなし。このダメージは大きい。

自分がライター生命を掛けて作った企画書が、バッサリ、である。

つづく本文を追っても、理由らしい理由は明かされず「出版しない」という事実だけを端的に伝えている。

十五分ほどたっぷり落ち込んだあと、その差出人名を改めて見ると、悲しいながらおかしさがじわじわとこみ上げてきた。

送信者は韓国の一般的な名前になっている。なるほど、そういうことか。

これが日本人の送信者であったならば、「十分に検討してみましたが、当社の出版コンセプトと合致しません」であったり「面白い視点ではありますが、出版はお受けできません」など、当方も努力したというニュアンスを含めつつ、やんわり拒絶（?）してくるだろう。気が利いている人だと「今後のご活躍を期待します」と逆に励まされてしまうこともある。

韓国では自分と関係のない人間に対して、儀礼的や社交辞令的な態度はとらない場合が多い。それを考えると、合点がいく。

「行くことばがやさしければ、来ることばもやさしい」（売りことばに買いことば）ということわざがあるけれど、こちらがどんなに下手に出ても、顔もみたこともない他人に対しては、やっぱり冷たいんだよなあ。

67

おわりに「卵も転がるうちに止まる角がある」

달걀도《タルギャルド》 굴러가다《グルロガダ》 서는《ソヌン》 모가《モガ》 있다《イッタ》

「韓国ブーム」「韓流」「ヨン様」

本書でもたびたび登場するこれらのことばたち、もうかなりボロボロになっている。手垢で黒ずみ、これでもかというくらい酷使され、最初に感じられたその新鮮味はどこへやら。「死語」という烙印が押されるのを待っている状態、といってもいいかもしれない。日韓友情年と銘打たれた二〇〇五年、国民交流は活発に行われたが、一方では歴史認識の差異から、国同士の心の距離は再び開いてしまった。

そして、その谷間に流し込むような「嫌韓」書籍のブーム。

内閣府が発表した世論調査によれば、韓国に対し「親しみを感じる」と答えた人も四八・

五％で、二〇〇五年の調査から二・六％下がってしまった。もはや過半数を切り、この先ブームが嘘だったかのように落ち込んでいく可能性は十分にある。

（数字は朝日新聞　二〇〇六年十二月十日から引用）


「卵も転がるうちに止まる角がある」


丸い卵も永遠に転がり続けることはない。

これは、ずっと続いていることでもやがて終わりが来るという意味である。

「ブーム」と名づけられた瞬間、それはいつか終わる。

「韓国通」や「知韓」を目指している人間が言うのもなんだが、いっそブームなど今すぐ終わってしまえばいいとも、一方で思う。

日本人観光客だらけの明洞なんて嫌だ。みんなが韓国料理店に殺到するのも、解せない。そして、そんな「韓国好き」を冷笑する「嫌韓」支持者たちも。すべてが元通りになって「近くて遠い」知る人ぞ知る国に戻ればいい。

しかし、やっぱり割り切れない気持ちが生じてしまう。それはそれで寂しいと。

今この瞬間にも圧倒的であった「流れ」は、確実に「凪《なぎ》」へと向かっているのは確かである。

もし、永遠に交わることの無い平行線ならば、せめてお互いの顔が見えるほどの平行線であることが、未来への僅かながらの希望となる。

ここでひとつぼくに提案がある。

「おそらく」と予防線を張らせてもらうが、日本人にしても韓国人にしても、多くの人々はお互い相手の国をひとつの塊とみなしている。

「日本人はこんな人たち」「韓国人はこんな人たち」

幼稚な提案といわれることを覚悟で言うが、それをやめて名前で呼んではどうだろうか。

「また韓国がこんなこと言っている」ではなく「(多くの意見がある中で)ノ・ムヒョンさんがこんなことといっている」と。心の中だけでも言い換えれば、大統領の意見が国民全体の意見ではなく、あくまで一個人の意見であることが認識できるのであろう。それは同時に、その他大勢の存在を想像する手助けにもなりえる。

(これは、韓国側にも言えることで、たったひとりの政治家の意見を単純に「日本人全員の考え」とせず、あくまで「(多くの意見がある中の)個人の考え」として、受け止めてもらいたい)

確かに政治家は国民の代表であることは確かだが、彼らの一言がその国民全体の総意であると考えているうちは、距離は縮まっていかないだろう。

「ノ・ムヒョンさんはああ言っているけど、キムさんやパクさんはこう考えるだろう」たとえ韓国に知り合いがいなくても、自国の大統領の意見に疑問を感じている人は多いかもしれない、そうやって多角的に考えることができれば、たとえニュースで日の丸を燃やすデモ映像を目にしても、全ての人がああではないと冷静に判断できるだろう。

これは「親韓」と「嫌韓」の極端な振り幅を少しは和らげ、そして「ただのお隣さん」になるための第一歩になるかもしれない。

ブームという「丸い卵」が本当に止まったとき、その他大勢を想像することができれば、きっといつか生の韓国人と出会ったときにも「反日ギラギラの韓国人」や「スターよろしく聖人のような韓国人」といった凝り固まった先入観なしに「キムさん」「パクさん」として見ることができるだろう。

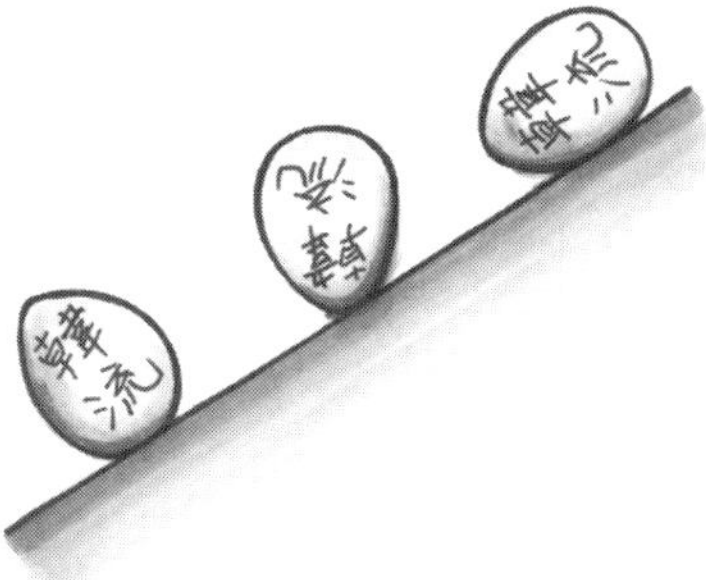

参考文献

朝鮮語辞典（小学館）
日韓類似ことわざ辞典（白帝社）
韓国の故事ことわざ辞典（角川書店）
ことわざの文化人類学（研究社出版）
岩波ことわざ辞典（岩波書店）
世界のことわざ辞典（東京堂出版）
世界のことわざ一〇〇〇句集（自由国民社）
世界ことわざ辞典―和漢洋対照―（明治書院）
早わかり韓国（日本実業出版社）
茨木のり子著　ハングルへの旅（朝日文庫）

著者略歴

村松　賢（むらまつ　たかし）

1975年、東京生まれ。目白大学人文学部言語文化学科卒業。現在、フリーライター。

＊イラスト　里見あんな

韓国語　急がば回れ — 知的“韓流”のネタ本

2007年5月1日　初版発行

著　者　　村松　賢
発行者　　佐藤康夫
発行所　　白　帝　社
〒171-0014　東京都豊島区池袋 2-65-1
電話 03-3986-3271　FAX 03-3986-3272
http://www.hakuteisha.co.jp

組版　柳葉コーポレーション
印刷　倉敷印刷　　製本　若林製本所

ISBN978-4-89174-853-1

＊定価はカバーに表示してあります。